Ralph Lutz

Die Beziehungen zwischen Deutschland und den Vereinigten Staaten während des Sezessionskrieges

EHV
HISTORY

Ralph Lutz

Die Beziehungen zwischen Deutschland und den Vereinigten Staaten während des Sezessionskrieges

ISBN/EAN: 9783955644413

Auflage: 1

Erscheinungsjahr: 2013

Erscheinungsort: Bremen, Deutschland

@ EHV-History in Access Verlag GmbH, Fahrenheitstr. 1, 28359 Bremen. Alle Rechte beim Verlag und bei den jeweiligen Lizenzgebern.

EHV
HISTORY

Die Beziehungen zwischen Deutschland und den Vereinigten Staaten während des Sezessionskrieges.

Dr. Ralph Lutz

Heidelberg 1911
Carl Winter's Universitätsbuchhandlung

Inhalt.

Mit der gesetzmäßigen Wahl von Abraham Lincoln zum Präsidenten der Vereinigten Staaten von Amerika kam der alte Gegensatz zwischen dem Norden und dem Süden zu einem offenen Bruch. Die Ursachen dieser Sezession der Südstaaten der amerikanischen Union sind von politischer, rechtlicher, ökonomischer und sozialer Natur und haben ihren Ursprung weit zurück in der Geschichte der Nation.

Seit der Gründung der Republik waren der Norden und der Süden in allen politischen Fragen geteilt. Im Norden herrschten die Föderalisten, die Vertreter einer starken Zentralregierung, im Süden die Demokraten, die Partei der Rechte der einzelnen Staaten. John C. Calhoun, einer der größten Staatsmänner des Südens, entwickelte die partikularistischen Theorien seiner Partei und stellte die Doktrin der Nullifikation auf, die Lehre, daß jeder Staat das Recht habe, innerhalb seiner Grenzen diejenigen Gesetze der Zentralregierung für null und nichtig zu erklären, die er als seinen Interessen zuwiderlaufend erachte. Diese Doktrin wurde heftig vom Norden bekämpft, doch blieb sie der große politische Glaubenssatz des Südens.

Auch ökonomische Differenzen trennten die beiden Staatsgruppen. Der Süden war ein Ackerbau treibendes Land und exportierte Baumwolle, Tabak und Reis. Im Norden überwogen dagegen Handel und Industrie. Die früh angenommene schutzzöllnerische Politik der Union war für den Norden von großer Bedeutung, aber brachte für den Süden nur Schaden.

Der größte Gegensatz zwischen dem Norden und dem Süden war die Sklaverei, die den sozialen Charakter des Südens auf das Tiefste beeinflußte. Im Süden wurde die ganze politische, wirtschaftliche und soziale Macht durch die afrikanische Sklaverei in den Händen der Plantagenbesitzer

zusammengezogen. Diese kleine Klasse von Großgrundbe-
sitzern beherrschte die politische Partei des Südens und mit
ihr die Union. Sie nannten sich zwar Demokraten, aber sie
waren weit davon entfernt, die Interessen einer wahren Demokratie zu fördern.[1] Präsident Madison, der selbst Virginier
war, sagte: „Wo Sklaverei besteht, wird die republikanische
Theorie zur Lüge."[2] Durch die bloße Erhaltung der Sklaverei
wurden die Südstaatler zu Erbfeinden der freien weißen
Arbeit.

Die Wahl des republikanischen Präsidenten Lincoln zeigte
dem Süden, daß seine alte privilegierte Stellung in der Union
verloren war. Dieser Erfolg der Partei, welche der Verbreitung der Sklaverei feindlich gesinnt war, verursachte die un-
mittelbare Sezession des Südens von der Union. Der Sezession
von Süd-Karolina folgten bald andere Sklavenstaaten. Dele-
gationen von diesen sezedierten Staaten versammelten sich
am 12. Februar 1861 in Montgomery, der Hauptstadt von
Alabama, organisierten eine provisorische Regierung, und
wählten Jefferson Davis, den bisherigen Bundessenator von
Mississippi und früheren Kriegsminister der Union, zum Präsidenten der Konföderierten Staaten von Amerika. Die konföderierte Regierung rüstete sich sofort zur Verteidigung des
Südens und versuchte von den noch aushaltenden Bundes-
festungen Besitz zu ergreifen. Am 12. April 1861 befahl General
Beauregard die Beschießung von Fort Sumpter und eröffnete
damit den Bürgerkrieg.

Der Ausbruch eines Sezessionskrieges in der jungen Republik machte in Europa den größten Eindruck. Besonders
in England erweckte der Krieg sofort die sorgfältige Aufmerksamkeit der Regierung. Das liberale Ministerium Palmerston
war damals am Ruder, und die auswärtigen Angelegenheiten

---

[1] Freiherr v. Freytag-Loringhoven bemerkt freilich in seinen vortrefflichen „Studien über Kriegsführung", S. 3, wie folgt: „Tatsächlich
war der Süden nicht minder freiheitlich gesinnt als der Norden, wie das
schon die Bezeichnung «Demokraten», welche den Vertretern seiner Interessen im ganzen Gebiete der Union beigelegt wurde, beweist".

[2] Annecke, Der zweite Freiheitskampf der Vereinigten Staaten von
Nordamerika, Heft II, S. 271.

standen unter der beinahe unabhängigen Leitung von Lord
Russell. Dem liberalen Kabinett erschien die Sezession des
Südens als eine vollständige und endgültige Trennung vom
Norden, und es beeilte sich, die Neutralität Englands den
kriegführenden Mächten gegenüber zu erklären. Diese Neu-
tralitätserklärung vom 19. Mai 1861, die dem Süden die
Rechte einer kriegführenden Macht gewährte, machte in der
Union einen sehr unfreundlichen Eindruck.

Lord Russells Politik der Union gegenüber war korrekt
und kalt und die folgenden Ereignisse des Krieges verstärkten
diese Tendenz. Seine Politik vertrat die Ansicht der herrschenden Klasse in dem Lande.[3] Diese Klasse hatte noch
die Erinnerung nicht verwunden, daß einst diese amerikanischen Staaten sich vom Mutterlande losgerissen hatten, und
ihr Gedeihen und Ansehen waren ihr seitdem ein Dorn im
Auge. Die Geschichte der diplomatischen Beziehungen
zwischen beiden Ländern war eine Kette von fortwährenden
Streitigkeiten. Die letzte Streitfrage über den Besitz der San
Juaninseln war zur Zeit des Ausbruches des Bürgerkrieges
noch nicht entschieden. Unter solchen Umständen hegte die
herrschende Klasse Englands wenig Sympathie für die Sache
des Nordens.[4] Sie sah sogar in diesem Bürgerkriege den
unwiderleglichen Beweis für die Unsicherheit und Unbeständig-
keit jeder republikanischen Regierung. „Unsere herrschende
Klasse hat es bitter empfunden", schrieb John Bright zu jener
Zeit an Motley[5], „daß Euer Loskommen von Georg III. und
unserer Aristokratenregierung einen Wohlstand und Fortschritt
zur Folge hatte, wie England vorher nichts ähnliches aufweisen
konnte. Da war das Argument unvermeidlich: wenn Engländer westwärts vom atlantischen Ozean gedeihen können
ohne Krone, ohne Lords, ohne Kirche, ohne eine große Kaste
von Grundeigentümern mit feudalen Vorrechten, und ohne
diese und jene groß und glücklich werden können, wie lange

---

[3] The Political History of England, Vol. XII, 1837—1901, S. 185.
[4] Ib., S. 185 : „Eine vortreffliche Darstellung der Sympathie der
oberen Klassen für den Süden gibt Disraeli in seinem Roman «Lothair»,
Kapitel XII".
[5] Motley, Briefwechsel, Bd. II.

werden dann die Engländer in England fortfahren, diese Dinge
für notwendig zu halten." Jetzt schien die Sezession den
Gegenbeweis zu liefern. So dachte nicht nur die Aristokratie
Englands, sondern die von ganz Europa.

Der Verlauf des Sezessionskrieges diente nur dazu, die
unfreundliche Politik Englands noch zu verstärken. Die Fest-
nahme der südstaatlichen Kommissäre auf dem neutralen englischen Dampfer „Trent" erzürnte mit Recht die englische
Regierung gegen den Norden. Die amerikanische Blockade
der südlichen Häfen und die dadurch erfolgende ·Unter-
brechung des Handelsverkehrs mit dem Süden wirkten wegen
der Verhinderung der Ausfuhr von Baumwolle sehr schädlich
auf die englische Textilindustrie. Die Unzulänglichkeit der
Blockade und die Wegnahme englischer Handelsschiffe in südlichen Gewässern bildeten den Gegenstand von fortwährenden
Beschwerden Englands in Washington.

Die Nachlässigkeit Lord Russells, die es nicht verhinderte,
daß das in England gebaute Kaperschiff „Alabama" Liverpool
verließ, verriet mehr als irgendeine andere Tatsache den Charakter der Neutralität, die Großbritannien in der amerikanischen
Krisis beobachtete.[6] Auch war dies nicht der einzige Fall
einer Verletzung der Neutralität. Die „Alabama-Ansprüche"
liefern den klaren Beweis, daß viele andere in England gebaute Kaperschiffe das Mutterland verließen, um die amerikanische Handelsflotte zu plündern. Im Jahre 1863 wurden in
Liverpool die sogenannten Lairdschen Widderschiffe für den
Süden gebaut. Ungeachtet der wiederholten Proteste des amerikanischen Ministers zeigte die englische Regierung bis zum
letzten Moment kein Bestreben, die Schiffe zurückzuhalten.
Als das Auslaufen dieser Panzerschiffe sicher schien, erhob
Adams, der amerikanische Minister, einen letzten Protest bei
Russell und erklärte: „Mir scheint es überflüssig, Eurer
Lordschaft erst zu beweisen, daß dies der Krieg ist."[7] Da
die liberale Regierung Englands nicht wagte, wegen der
Sklavenstaaten Krieg mit Amerika zu führen, hielt sie

---

[6] The Political History of England, Vol. XII, S. 264.
[7] Diplomatic Correspondence, 1863, S. 367, Brief Adams vom 5. Sept.
1863 an Russell.

schließlich die Widderschiffe zurück. Dieser Fall war cha-
rakteristisch für die englische Politik. Zur Zeit der größten
Niederlagen der Union war sie kalt und hochmütig. Dagegen
wurde sie entgegenkommender, als der endliche Sieg der
Union sicher schien.

Die Politik der französischen Regierung Amerika gegenüber war der Politik Englands ähnlich. Auch Frankreich hielt
die Wiederherstellung der alten Union für sehr unwahrscheinlich. Für Napoleon III. bot der amerikanische Sezessionskrieg
eine Gelegenheit, die Rolle eines Schiedsrichters zu spielen.
Er versuchte sogar eine gemeinsame Intervention mit England
und Rußland herbeizuführen, allein beide Mächte lehnten den
Vorschlag ab.

Die beste Gelegenheit, die sich Napoleon III. durch den
inneren amerikanischen Streit bot, war die Möglichkeit in
Mexiko zu intervenieren. Die Errichtung eines Kaisertums
in Mexiko auf den Ruinen einer amerikanischen Republik
war der traditionellen Politik Amerikas gegenüber so wider-
sprechend, daß die Auflösung der alten Union eine absolute
Vorbedingung für ein Gedeihen dieses Unternehmens war.[8]
Napoleon erkannte die Möglichkeit einer Ausdehnung seiner
Macht in der neuen Welt sehr bald und nützte sie völlig aus.[9]

Zu derselben Zeit versuchte die französische Diplomatie
Amerika über die Pläne Frankreichs in Mexiko zu beruhigen.
Drouyn de l'Huys, der französische Minister des Auswärtigen,
erklärte wiederholt in Washington, daß Frankreich bloß eine
Regierung in Mexiko unterstütze, die die überwiegende Mehr-
heit des mexikanischen Volkes errichten wollte. Seward nahm
die freundlichen Erklärungen Frankreichs an und bewahrte
während des Sezessionskrieges dem mexikanischen Streit
gegenüber eine strenge Neutralität. Daß die amerikanische
Regierung aber die Errichtung eines europäischen militärischen
Despotismus in Mexiko durch französische Gewalt als eine
Bedrohung der Union betrachtete, bleibt unbestreitbar.

Von allen Großmächten zeigte Rußland die größte Freundschaft für Amerika während des Sezessionskrieges. Rußland

---

[8] Grenzboten, 1862, Bd. I, Mexiko und die Monroe Doktrin, S. 177ff.
[9] Messages and Papers of the Confederacy, Bd. II, S. 345/6.

und Amerika besaßen während des neunzehnten Jahrhunderts einen großen gemeinsamen Feind: in beiden Staaten wurde Großbritannien als der traditionelle Gegner betrachtet. Während des Krimkrieges sympathisierte Amerika mit Rußland, und beide Länder waren sich der Vorteile bewußt, die ein gemeinsames Vorgehen bringen würde.

Der Ausbruch des Sezessionskrieges wurde daher in Rußland aufrichtig bedauert. Fürst Gortschakow erklärte stets dem amerikanischen Minister in Petersburg, daß die Wiederherstellung der Union eine Notwendigkeit wäre, und nahm von Anfang an einen entschiedenen Stand gegen jede Intervention in Amerika. Diese freundliche Politik Rußlands war von der größten Bedeutung für Amerika. Alexander II. galt im Norden als einer der größten Freunde der Union. Auch wurde die auf seinen Befehl erfolgte Aufhebung der Leibeigenschaft in Rußland am 19. Februar 1863 von der öffentlichen Meinung Amerikas sehr hoch geschätzt; erschien sie doch als ein Gegenstück zu der Emanzipation der Negersklaven. Als im Jahre 1864 eine russische Flotte amerikanische Häfen besuchte, wurden ihr besondere Ehren erwiesen. Die politische Bedeutung dieses demonstrativen Besuches war erheblich und stärkte wesentlich Amerikas diplomatische Stellung in der Welt.

Die Politik Österreichs während des Sezessionskrieges war die einer freundlichen Neutralität der Union gegenüber. Die Beziehungen Österreichs zu Amerika waren seit der Gründung der Union mit kaum einer Unterbrechung sehr freundlich gewesen.[10] Selbst die Annahme der mexikanischen Krone durch Erzherzog Maximilian hatte auf die Beziehungen zwischen Amerika und Österreich wenig Einfluß. Zu der Zeit des Bürgerkrieges war Motley der amerikanische Minister in Wien und er vertrat die amerikanischen Interessen in glänzender Weise. Die ernste Lage, die durch die mexikanisch-österreichische Militärkonvention geschaffen wurde, trat erst ein Jahr nach dem Ende des Bürgerkrieges ein.

---

[10] Schlitter, H., Die Beziehung Österreichs zu den Vereinigten Staaten von Amerika, I. Teil, 1778/87.

Erster Teil.

Die amtlichen Beziehungen zwischen der Union und den deutschen Staaten.

I. Preußen.

A. Unter dem Ministerium Schleinitz (bis zum Oktober 1861).

Von allen Großmächten hatte Preußen während des Bürgerkrieges am wenigsten politische Beziehungen zu Amerika. Dagegen waren die geistigen Beziehungen zwischen den deutschen Staaten und Amerika seit der Gründung der Republik sehr eng und freundschaftlich. Nächst dem Einflusse, der von dem Mutterlande England ausging, war der des deutschen Geistes der größte in der jungen Republik der neuen Welt. Goethes und Kants Interesse für Amerika ist allgemein bekannt. Kein Geringerer als Franklin hat gesagt: „Amerika best cultivates what Germany brought forth".

Der Leiter der auswärtigen Politik Preußens zur Zeit des Ausbruchs des amerikanischen Bürgerkrieges war der Freiherr von Schleinitz. Als preußischer Minister in Washington war schon seit 1849 Freiherr von Gerolt[11] beglaubigt, und Joseph Wright, vordem Gouverneur des Staates Indiana[12], ver-

---

[11] Man findet über ihn in der deutschen Literatur nur wenig Nachrichten. Rudolf von Delbrück spricht in seinen Lebenserinnerungen II, 18 f. von ihm und erzählt, daß er es in den fünfziger Jahren vorzog, in Baltimore zu wohnen, weil er es dort behaglicher fand, und nur im Fall eines Geschäftes nach Washington zu reisen.

[12] Fr. Kapp urteilt über ihn in den Preußischen Jahrbüchern 35, 530, wenig freundlich: „Dieser Wright war ein alter demokratischer Parteiklepper ohne jede Kenntnis der europäischen politischen Verhält-

trat die Vereinigten Staaten in Berlin. Die Beziehungen
zwischen beiden Regierungen waren äußerst freundlich.
Schleinitz folgte Amerika gegenüber der traditionellen Politik,
die seit den Tagen von Friedrich dem Großen und seinem
Minister des Auswärtigen, dem Grafen Hertzberg, maßgebend
gewesen war.

Schleinitz betrachtete den Ausbruch des Bürgerkrieges
unter einem konservativen Gesichtspunkt, der der amerikanischen Regierung sehr angenehm war. Der Gesandte Wright
hatte den amerikanischen Zirkulardepeschen vom 28. Februar
und 9. März 1861 gemäß die nötigen Schritte getan, um einen
Empfang südlicher Emissäre durch die preußische Regierung
zu verhindern. In einer Unterhaltung mit Wright im Mai
1861 erklärte Schleinitz, daß Preußen, bei der großen Zahl
von Deutschen in den Nordstaaten, sehr mit der Union sym-
pathisiere. Auch fügte er hinzu, daß Preußen das Prinzip
der unerbittlichen Opposition gegen alle revolutionären Be-
wegungen befolgte.[13] Einen Monat später sagte Schleinitz,
es sei keine Gefahr, daß Preußen Kaperschiffe ausrüsten
würde. Dafür habe man zu wenig Häfen. Die Gefahr,
sagte er, könnte nur von Bremen und Hamburg kommen,
obgleich er die nötigen Maßregeln dagegen treffen würde.
Zu diesem Ende erließ er eine Warnung an den Handels-
stand und die Neutralitätserklärung am 13. Juni 1861.[14] Zu
derselben Zeit schrieb Schleinitz eine Note an Gerolt, in
welcher er die preußische Freundschaft für die Union ausdrückte und erklärte: „Unser ganzes Streben wird darauf
richtet sein, den Vereinigten Staaten gegenüber unsere bis-

---

nisse und ohne jede Ahnung selbst des völkerrechtlichen ABC's, wie auch
sonst ein in seiner Bildung ziemlich verwahrloster, sonst aber nicht un-
bedeutender Mann. In Berlin spielte er unter der Miene des patriotischen
Biedermanns den einfachen, naiven Republikaner, der Europas über-
tünchte Höflichkeit nicht kannte, weder Deutsch noch Französisch rade-
brechte und seine Halbbildung oder vielmehr Unbildung mit bescheiden
tuender Überhebung als republikanische Sitteneinfalt, als harmlose Natur-
wüchsigkeit zur Schau trug."
[13] Diplomatic Correspondence. Wright to Seward, May 8 1861.
[14] Jd. May 15, 1861. Das Staatsarchiv 1861, S. 168.

herige Stellung auch unter den schwierigen Umständen der Gegenwart zu bewahren."

Daß die Umstände der Zeit schwierig waren, bewies die Lage der amerikanischen diplomatischen Vertretung in Europa, die überall versagte. Mit der Sezession des Südens verließen eine große Zahl amerikanischer Diplomaten den Dienst. Verrat entdeckte man auf allen Seiten. In Berlin legte der Legations-sekretär Mr. Butler sein Amt nieder und kehrte nach dem Süden zurück. Sein Nachfolger E. M. Hudson besaß weniger Ehrgefühl und blieb nur im Amte, um die amerikanische Regierung zu verleumden. Nach seiner Entlassung wurde er Publizist und versuchte die öffentliche Meinung Deutschlands für den Süden zu gewinnen.[15] Aller Wahrscheinlichkeit nach war er derjenige, der im Jahre 1863 an die konföderierte Regierung berichtete, daß die preußische Regierung und die preußische Armee der Sache des Südens äußerst günstig wären.[16]

Bald nach seinem Regierungsantritt ernannte Präsident Lincoln Norman Buel Judd zum Gesandten in Preußen. Dieser Diplomat, der als Vertreter Amerikas in Berlin während des Bürgerkrieges die amerikanischen Interessen wahrte, war am 10. Januar 1815 im Staate New York geboren. Er studierte Jurisprudenz und praktizierte in Chicago, wo er sich bald eine gute Stellung gewann und an der Gründung der republika-nischen Partei teilnahm. Abraham Lincoln war sein poli-tischer und persönlicher Freund und Judd war derjenige, der den Namen Lincolns als Kandidat für die Präsidentschaft in der republikanischen Parteiversammlung in Chicago aufstellte.[17] Judd war ein guter, aber kein glänzender Diplomat. Seine Politik war jedoch klar und zeigte viel gesunden Menschen-verstand. Er behandelte die wenig schwierigen Fragen, die er zu lösen hatte, mit großem Takt und nicht ohne Erfolg.

Am 27. Juni 1861 kam Judd in Berlin an. Am 29. wurde er von seinem Vorgänger dem Minister Schleinitz vorgestellt,

---

[15] Fay, Die Sklavenmacht, S. 133.
[16] Messages and Papers of the Confederacy, Bd. II, S. 455.
[17] Appleton's Cyclopädia of American Biography: Judd, N. B.

und der offizielle Empfang beim König erfolgte dann am
1. Juli.[18]

Die erste Frage, mit der Judd sich zu beschäftigen hatte,
war die des Seerechts in Kriegszeiten. Schon am 24. April
1861 hatte Seward in einer Depesche an Wright den Vorschlag
gemacht, einen Vertrag mit Preußen auf der Basis der Pariser
Erklärung abzuschließen. Schleinitz selbst hatte dann im Juni
Gerolt instruiert, den Beitritt der Vereinigten Staaten zu der
Pariser Erklärung als eine Ergänzung der preußisch-amerika-
nischen Verträge vom 10. Dezember 1785 und 1. Mai 1828 zu
erlangen. In seiner ersten Unterredung mit Schleinitz teilte
Judd ihm mit, daß er Vollmacht zur Abschließung eines solchen
Vertrages besäße, und fragte, ob Schleinitz die Verhandlungen
in Berlin oder in Washington fortsetzen wollte. Schleinitz
entschloß sich direkt mit Judd zu verhandeln und ersuchte
ihn um einen formellen Vorschlag. Am 11. Juli richtete Judd
ein offizielles Schreiben an Schleinitz, der aber die Verhandlungen darüber stehen ließ. Am 27. August berichtete Judd
an Seward, daß Schleinitz in einem Gespräch mit dem Freiherrn von Mohrenheim erklärt hätte, daß das Ziel der Vereinigten Staaten durch bloßes Festhalten an der Pariser Erklärung zu erreichen wäre. Freiherr von Mohrenheim sagte
Judd auch, daß die russische Regierung derselben Meinung
wäre. Ob inzwischen ein Druck der anderen Mächte auf
Preußen ausgeübt worden war, mag dahingestellt werden.
Jedenfalls scheint die ursprüngliche Absicht von Schleinitz
gewesen zu sein, bloß den Beitritt der Union zu der Pariser
Erklärung zu erwirken. Bereits am 16. Juli hatte Seward in
einer Note an Gerolt erklärt, daß die Vereinigten Staaten
während des Bürgerkrieges an dem 2. und 3. Artikel der
Pariser Erklärung festhalten würden.[19] Schleiden, der bremische Gesandte in Washington, dem diese Note bekannt war,
berichtete nach Bremen, daß es das einzige Aktenstück wäre,
in welchem die Vereinigten Staaten ihren Beitritt zu dem
2. und 3. Artikel der Pariser Erklärung versprochen hätten.

---

[18] Diplomatic Correspondence. Judd to Seward, July 2. 1861.
[19] Seward to Baron von Gerolt, July 16. 1861.

Wäre diese Note Sewards früher in Berlin angekommen, so hätte Schleinitz sein Ziel als früher erreicht betrachtet.[20]

B. Unter dem Ministerium Bernstorff (Oktober 1861 bis Oktober 1862).

Am 10. Oktober 1861 wurde Schleinitz von seinem Amte entlassen und Graf Bernstorff trat an seine Stelle als Minister des Auswärtigen. Bernstorff war bisher Gesandter in London gewesen und seine genaue Vertrautheit mit der englischen Politik war nicht ohne Einfluß auf seine Politik Amerika gegen- über. Bald nach seinem Antritte trat ein Ereignis ein, das die diplomatische Welt sehr erregte. Am 8. November 1861 hielt die amerikanische (nordstaatliche) Dampfkorvette San Jacinto in dem Bahamakanal den britischen Postdampfer „Trent" an, und nahm die Herren Mason und Shlidell, Kommissäre der konföderierten Staaten für England und Frankreich, mit sich. Die Regierung und die öffentliche Meinung Englands waren über diese Tat äußerst erregt. Ein Krieg schien sogar als sicher, falls Amerika die beiden Kommissäre, die in New York gefangen gehalten wurden, nicht auslieferte. Die Gefangen- nahme von Gesandten einer kriegführenden Macht an Bord eines neutralen Schiffes schien auch den kontinentalen Staaten Europas als eine Verletzung des Völkerrechtes. Infolgedessen rieten die Großmächte der amerikanischen Regierung in der Sache nachzugeben.[21] Bernstorff sprach mehrmals mit Judd über die Lage. In einer Unterredung sagte ihm Judd: „Why dont your government keep the peace?" Bernstorff ant- wortete, daß eine Einmischung vielleicht übel genommen würde; doch am 25. Dezember 1861 schickte er an Gerolt eine Depesche zum Verlesen im amerikanischen Auswärtigen Amte, in der es hieß: „Seine Majestät der König, von den aufrich- tigsten Wünschen für das Wohl der Vereinigten Staaten von Nordamerika beseelt, haben mir befohlen, bei dem Präsidenten Lincoln durch Eure Hochwohlgeboren Vermittlung der Sache des Friedens mit allem Nachdruck das Wort zu reden!" Diese

---

[20] Berichte des Ministerresidenten Dr. Schleiden de 1861, Nr. 112.
[21] Staatsarchiv, Bd. II, Nr. 200—3. Augsburger Allgemeine Zeitung, 30. Dezember 1861.

Note kam aber in Washington zu spät an, um irgendeine Bedeutung in der Angelegenheit zu haben.

Am 9. Oktober 1862 nahm Graf Bernstorff seine Entlassung
und Bismarck folgte ihm. Mit dem Antritte dieses großen
Staatsmannes nahm die preußische Politik Amerika gegenüber
eine neue Wendung, die in ihren Hauptzügen von Dauer ge-
blieben ist.

C. Unter dem Ministerium Bismarck (Oktober 1862 bis zum Ausgang des Krieges).

1. Bismarcks persönliche Beziehungen zu den Amerikanern.

Die vielen Beziehungen zu Amerikanern bilden ein inter-
essantes Kapitel im Leben des Fürsten Bismarck. Es ist selten
in der Geschichte, daß Freundschaften hervorragender Staatsmänner mit Ausländern auf anderer Grundlage beruhen als auf
denen der Realpolitik und Staatsinteressen. Interessenpolitik
bei seinen Freundschaften mit Amerikanern lag aber Bismarck fern.

Schon während seiner Studienzeit knüpfte er Freundschaften mit Amerikanern an, die dauernd blieben. In dem
ersten Jahre seines Universitätslebens traf er in Göttingen einen
kleinen Kreis von Amerikanern, zu denen er bald in engere
Beziehungen trat. Unter diesen Studenten waren Amory
Coffin und Mitchell C. King von Charleston, Südkarolina und
John Lothrop Motley von Boston.[22]

Welche Charakterzüge gerade in diesen Amerikanern Bismarck gefesselt haben, ist schwer festzustellen. Vielleicht
hatte das Selbstbewußtsein der jungen Bürger eines großen
Landes für ihn eine besondere Anziehungskraft. Auch
hatte der amerikanische Begriff von nationaler Freiheit für ihn
einen gewissen Reiz. Sicher ist es, daß er innerlich Deutschlands Uneinigkeit sehr schwer ertrug.[23] Seine erste Mensur war
mit einem Engländer, der über die deutsche Uneinigkeit gespottet
hatte. Mit dem Amerikaner Amory Coffin ist er eine Wette
eingegangen, daß Deutschland innerhalb zwanzig Jahren einig

---

[22] Motley, Briefwechsel, Bd. I, S. 6.
[23] Bismarck, Gedanken und Erinnerungen, Bd. I, S. 20.

sein würde.[24] Der Nationalstolz und das Nationalselbstbewußt-
sein dieser jungen Amerikaner zeigten dem Preußen die großen
Fortschritte, die eine junge, aber vereinigte Nation machen
kann. Wenn man diese Tatsachen in Betracht zieht, so versteht man, aus welchen innern Beweggründen Bismarck am
4. Juli 1832 an der Feier der amerikanischen Unabhängigkeitserklärung teilnahm.[25] Bismarck hatte schon damals in der
englischen Sprache gute Fortschritte gemacht.[26] Den Geist
der Sprache hatte er sich schnell angeeignet, was oft Bewunderung hervorrief.- Mit der englischen und amerikanischen Literatur war er vertraut. Die meisten Werke Shake-
speares waren ihm bekannt und manches Zitat aus Hamlet,
Macbeth und Julius Cäsar ist in seinen Briefen zu finden.

Der Vertrauteste unter Bismarcks amerikanischen Freunden
in Göttingen war John L. Motley aus Boston. Er war der
Sohn eines Kaufmanns dieser Stadt, studierte in Harvard und
kam dann nach Deutschland, um seine literarischen und ge-
schichtlichen Studien fortzusetzen. Motley war ein typisches
Beispiel für das Puritanertum Neu-Englands, das so viele amerikanische Staatsmänner hervorgebracht hat. Ihm verdankte Bismarck seine meisten Vorstellungen über Amerika und die
Amerikaner, und daß er durch diese Vermittlung mit den
Lebensanschauungen und Idealen der Neu-Engländer vertraut wurde, beweisen vielfach seine Briefe an Motley.

Von Göttingen aus gingen Bismarck und Motley nach
Berlin, wo sie öfters mit dem Grafen Hermann Keyserling
aus Esthland, einem anderen ausländischen Freunde Bismarcks,
zusammenkamen. In Motleys Wohnung waren die drei sehr oft
beisammen. „Ich gehe niemals an Ihrer ehemaligen Wohnung in
der Friedrichsstraße vorbei", schrieb später Bismarck an Motley,
„ohne zu den Fenstern emporzusehen, die geschmückt zu sein
pflegten mit einem Paar roten Pantoffeln, die die Füße eines

---

[24] Busch, Tagebuchblätter, Bd. II, S. 125/6.
[25] Bismarck.-Regesten, Bd. I.
[26] Interessant ist die Tatsache, daß einer der ältesten bekannten
Briefe Bismarcks an einen Freund, den Engländer Astley, in englischer
Sprache geschrieben war. Bismarckbriefe, 1836—1873. Erster Brief.

Gentleman an die Fensterbrüstung stemmten, der auf Yankee-
art dasaß, Kopf nach unten und außer Sicht. Ich erfreue
dann mein Gedächtnis mit den Erinnerungen an die guten
alten Zeiten, da wir lustige Burschen waren!"[27]

Nach Beendigung seiner Studien in Berlin reiste Motley
in seine Heimat nach Boston zurück und widmete sich der
geplanten Schriftstellerei. Als Romanschreiber hatte er aber
wenig Erfolg; sein Jugendroman „Mortons Hope" wurde von
ihm selbst wieder zurückgezogen, welche Tatsache Bismarck
und seiner Frau viele Neckereien verursachte.[28] Der Held
dieses Romans, Otto von Rabensmarck, war nämlich kein
anderer als Otto von Bismarck. Nachdem diese literarische
Arbeit ihm mißglückt war, wandte Motley sich der Geschichts-
schreibung zu. Seine Geschichtsforschung nötigte ihn, nach
Europa zurückzureisen, wo er einige Jahre in holländischen
und deutschen Archiven arbeitete. Er war in Frankfurt zur Zeit,
als Bismarck Preußen beim Bundestage vertrat, und erneuerte
hier seine Freundschaft mit dem emporkommenden preußischen
Staatsmanne.[29]

Auffallend ist der Kontrast zwischen Motley, dem diplo-
matisch ruhigen Republikaner, und Bismarck, dem konse-
quenten angreifenden Monarchisten. Motley urteilte einmal
über diesen: „Er ist ein ebenso aufrichtiger und entschiedener
Monarchist und Absolutist, als ich ein Republikaner bin."[30]
Keiner von beiden war aber in seinem politischen Glauben
doktrinär. Motley war fest überzeugt, daß die monarchische Regierung die beste für Preußen sei, und Bismarck erkannte sehr
wohl die Vorteile, die die republikanische Regierung Amerikas
besaß. In dieser Hinsicht glich er seinem Vorgänger in der
friderizianischen Zeit, dem Grafen Hertzberg, der in einem
Briefe an Washington erklärte, daß er mit den Prinzipien der

---

[27] Bismarckbriefe, 1836—1873, S. 367, 17. April 1863.

[28] White, Aus meinem Diplomatenleben. Der genaue Titel des
Buches, das 1839 in New York erschien, war: Morton's Hope: or, the Me-
moirs of a Provincial. In demselben Jahre erschien in London eine englische Ausgabe unter dem Titel: Morton of Mortons: an autobiography.

[29] Marcks, Bismarck I, S. 94, 455.

[30] Motley, Briefwechsel, Bd. II, S. 192.

Republik einverstanden wäre, obgleich er in einem monarchischen, für despotisch gehaltenen Staate lebte.[31] Noch radikaler
äußerte sich Bismarck zu Heinrich Hilgard-Villard: „Lebte ich
auch in Amerika, so würde ich auch Republikaner sein."[32]

Ein anderer intimer Freund Bismarcks war der amerikanische Historiker und Staatsmann Bancroft, der 1867 zum
amerikanischen Gesandten in Berlin ernannt wurde. Durch
ungewöhnliches Talent und hohe Geistesgaben ausgezeichnet,
genoß Bancroft eine besondere Stellung unter den fremden
Diplomaten. Er stand auch hoch in der Gunst des Kaisers
Wilhelm I. und tat alles, um die freundschaftlichen Beziehungen
zwischen beiden Ländern zu verstärken. In der Tat waren
seine Erfolge so positiv, daß wiederholt gegen ihn intrigiert
wurde. Bismarck sagte selber: „Man weiß, daß er unser
Freund ist, er hat dies niemals verschwiegen und deshalb
hat er sich die Feindschaft aller in- und ausländischen Gegner
des jetzigen Zustandes Deutschlands zugezogen."

Im Frühherbst 1869 teilte die deutsche Gesandtschaft in
Paris Bismarck mit, daß eine Intrigue gegen Bancroft bestehe.
Auch in der deutschen Presse wurde gegen Bancroft intrigiert,
wie Bismarck behauptete mit dem Gelde des früheren Königs
von Hannover und des Kurfürsten von Hessen. In Washington
forderte bald darauf eine Partei die Abberufung Bancrofts,
angeblich, weil er Amerika nicht mit genügender Würde ver-
trete. Bismarck vernichtete den ganzen Plan aber in sehr
geschickter Weise. Am 19. September 1869 schrieb er an
Motley, der damals Gesandter in London war, er möchte alles
tun, was er könnte, damit Bancroft in Berlin bliebe. So en-
thusiastisch war Bismarcks Lob für den Amerikaner, daß er
schrieb: „Er vertritt praktisch denselben großen Entwicklungs-
prozeß, in welchem Moses, die christliche Offenbarung, die
Reformation als Etappen erscheinen, und dem gegenüber die
cäsarische Gewalt der alten und der modernen Zeit, die kleri-
kale und die dynastische Ausbeutung der Völker jeden Hemm-
schuh anlegt, auch den, einen ehrlichen und idealen Gesandten

---

[31] Deutsche Jahrbücher, 1863, Bd. VIII, S. 147.
[32] Hilgard-Villard, Lebenserinnerungen, S. 502.

wie Bancroft zu verleumden."[33] Motley schrieb sofort an den
Präsidenten Grant und stellte die Lage so dar, daß Bancroft
darauf auf seinem Posten blieb. Das Bleiben Bancrofts lag
natürlich im Interesse der praktischen Politik Bismarcks, doch
war es zugleich nicht ohne Wert für Amerika. Als später die
Frage über den Besitz der San Juaninseln zwischen Amerika
und England an Kaiser Wilhelm I. als Schiedsrichter ver-
wiesen wurde, war es Bancroft, der durch seine Argumente
die Entscheidung zugunsten Amerikas beeinflußte.[34]

Beim Ausbruche des Krieges von 1870 ersuchte Bismarck
die Gesandtschaft der Vereinigten Staaten in Paris, den Schutz
der in Frankreich lebenden norddeutschen Untertanen zu
übernehmen, während der Schutz der Untertanen der Süd-
deutschen Staaten der Schweiz übertragen wurde. Daß Bismarck gerade die Vereinigten Staaten unter den neutralen
Staaten auserwählte, ist aller Wahrscheinlichkeit nach nicht
zuletzt aus seinen persönlichen Beziehungen zu erklären.
Nach der Proklamation des Reichs schrieb Bancroft einen
offiziellen Brief an den nunmehrigen Kanzler des Deutschen
Reichs, um ihn zu der glücklichen Einigung Deutschlands zu
beglückwünschen. Bismarck veröffentlichte sofort den Brief,
der überall als ein Zeichen amerikanisch-deutscher Freundschaft betrachtet wurde.

Lange Zeit existierte in der amerikanischen Diplomatie
die Tradition, nur Gelehrte nach Deutschland zu schicken.
Das war Bismarck gut bekannt und als er den Schriftsteller
Bayard Taylor als Gesandten empfing, sagte er anstatt der
üblichen Begrüßung: „Während meiner letzten Krankheit las
ich zusammen mit meiner Frau eines Ihrer Werke ganz
durch."[35]

Nicht nur mit mehreren amerikanischen Diplomaten war
Bismarck befreundet, sondern auch Generale und andere her-
vorragende Männer genossen seine Bekanntschaft. Portraits
von Bancroft, Motley, Grant und Sheridan und Büsten von

---

[33] Bismarckbriefe, S. 452.
[34] Busch, M. Prince Bismarck as a Friend of America and as a
Statesman. North American Review, July and August 1880.
[35] Poschinger, Bismarck und die Diplomaten, S. 396.

Washington, Hamilton und andere waren in Varzin, Schön-
hausen und Friedrich'sruh.[36] „Es waren augenscheinlich mehr
Portraits von Amerikanern in seinem Besitz", schreibt der
englische Journalist Whitman, „als von Männern einer anderen
Nationalität."[37] Als der General Grant eine Reise um die Welt
machte, begleitete Bismarck den ehemaligen Präsidenten eines
Tages zu einer Parade auf dem Tempelhofer Felde. Grant war
damals unwohl und es war für ihn eine Qual, daß er infolgedessen wie ein gewöhnlicher Zivilist in einem geschlossenen
Wagen fahren mußte. Er sagte dem Kanzler, wie unangenehm
es ihm wäre, preußischen Soldaten so zu begegnen; dieser
antwortete aber: „Lassen Sie sich nicht anfechten, General
Grant, Sie sitzen hier, ohne daß Sie jemand sehen
kann, aber unsere Soldaten wissen sehr wohl, was für ein
Krieger hier in diesem geschlossenen Wagen ist."[38] Der
berühmte amerikanische Reiterführer Sheridan hatte 1870
die Erlaubnis erhalten, den Krieg auf deutscher Seite zu
beobachten. Busch erzählt, daß Bismarck Sheridan gern
im Hauptquartier zu Versailles sah, während einige un-
nötige Fürsten ihm ein Dorn im Auge waren. Ein paar
Jahre nachher traf Bismarck E. B. Washburne, den früheren
amerikanischen Gesandten in Paris, und fragte: „Was haben
Sie neues von General Sheridan? Dieser Mann trägt einen
großen militärischen Kopf auf seinen Schultern." Andere
Amerikaner freilich waren ihm während des Feldzuges
von 1870 weniger erwünscht. Als John O'Sullivan, ein Südstaatler und früherer amerikanischer Gesandter in Lissa-
bon, im preußischen Lager mit einer Empfehlung an den
Kronprinzen vom Herzoge von Coburg erschien und die Rolle
eines Vermittlers spielen wollte, wurde er durch Bismarck
schnell weggeschafft.[39] General Burnside, der auch im Lager
war, plauderte so oft mit Bismarck, daß der Kanzler viel Zeit
darüber verlor und schließlich zu Busch sagte: „Ich habe
eine Schwäche für Amerikaner und sie wissen das, aber sie

Busch, Tagebuchblätter, Bd. III, S. 310.
[37] Whitman, Erinnerungen an Fürst Bismarck.
[38] Poschinger, Bismarck und die Diplomaten, S. 395.
[39] Busch, Tagebuchblätter, Bd. I, S. 387.

sollten doch Rücksicht nehmen. Geben Sie ihm das zu verstehen und daß ich's sogar mit gekrönten Häuptern kurz
machte."[40]

Bis zum Ende seines Lebens blieb Bismarck ein Freund
Amerikas. Seine Idee von der Zukunft der neuen Republik
war und blieb durchaus schmeichelhaft.

2. Die amtlichen Beziehungen.

Mit dem Ministerium Bismarck beginnt eine neue Epoche
in den politischen Beziehungen zwischen Preußen und Amerika,
die durch die Anknüpfung engerer freundschaftlicher Verhältnisse gekennzeichnet ist. Schon die Tatsache, daß Bismarck
in enger Beziehung zu mehreren bedeutenden Amerikanern
stand, war von großer Bedeutung.

Man kann wohl annehmen, daß Motley, der seit 1861 die
Stellung eines amerikanischen Ministers in Wien bekleidete,
nicht ohne Einfluß auf Bismarcks Haltung während des Bürgerkrieges war. Am 23. Mai 1864 lud Bismarck ihn ein, nach
Berlin zu kommen und fügte hinzu: „Häng die Politik an den
Nagel und komme zu mir. Ich verspreche Dir, daß die Unions-
flagge über unserem Hause wehen soll und unser Gespräch
und der beste alte Rheinwein sollen «Verdammnis strömen»
über die Rebellion."[41]

Trotz seiner Freundschaft mit Motley und anderen bedeutenden Amerikanern, besaß Bismarck allerdings eine gewisse persönliche Sympathie für die Südländer, die er als
die aristokratische Partei im Sezessionskriege betrachtete. Als
Aristokrat von Geburt und Erziehung war es für ihn natürlich, daß er seine Sympathien instinktiv mehr den Plantagenbesitzern des Südens als der Demokratie des Nordens zuwandte; vielleicht war auch seine Freundschaft mit Südländern während seiner Studienzeit in Göttingen von ge-
wissem Einfluß auf seine optimistische Vorstellung von dem
alten feudalen Süden. Doch wie groß auch dieses Mitgefühl
für die Plantagenbesitzer als eine Art von Standesgenossen
war, so beeinflußte es seine Politik als Staatsminister nicht

[40] Ib., S. 290.
[41] Bismarckbriefe, 1836/73, S. 389.

— 19 —

im geringsten.[42] Als Minister des Auswärtigen behauptete
Bismarck eine freundliche Neutralität dem Norden gegenüber
während des Bürgerkrieges. Freundschaft mit Amerika war
in der Tat eine traditionelle Politik Preußens, und Bismarck
liebte es, diese Freundschaft als ein Vermächtnis zu be-
zeichnen, das Friedrich der Große dem königlichen Hause
hinterlassen habe. „Preußen ist durch Überlieferung und
in wohlverstandenem eigenen Interesse ein treuer Freund
Ihrer Republik", sagte er nach dem Ende des Sezessionskrieges zu Karl Schurz, „und wird es auch bleiben, trotz
seiner monarchischen und aristokratischen Sympathien."[43]
Als General Grant in den siebziger Jahren Berlin besuchte, erklärte ihm Bismarck, daß er wiederholt während des Krieges
behauptet habe, daß der Süden nie siegen könnte.[44]

Die erste große diplomatische Frage, die Bismarck in
den Beziehungen zu Amerika zu lösen hatte, war die Frage
des Bürgerrechtes der in Deutschland weilenden, aber in
Amerika naturalisierten Deutschen. Schon in den vierziger
Jahren war diese Streitfrage entstanden und, immer wieder-
kehrend, hatte sie die Staatsmänner beider Länder beschäftigt, ohne daß eine praktische Lösung erreicht worden
wäre. Erst unter dem Ministerium Bismarck trat eine neue
Phase in den Verhandlungen ein, die eine eventuelle Lösung
ermöglichte. Um diese zu verstehen, ist es nötig, die vorhergehenden Verhandlungen zu analysieren.

Es war in den vierziger Jahren, daß in Preußen der erste
Fall einer Bestrafung eines Deutsch-Amerikaners wegen ver-
säumter Dienstpflicht stattfand. Henry Wheaton, der amerikanische Völkerrechtslehrer, war damals Gesandter in Berlin.
Er schrieb an diesen Deutsch-Amerikaner: „Es liegt nicht
in meiner Gewalt, in der von Ihnen gewünschten Weise ein-
zuschreiten. Da Sie in Ihr Geburtsland zurückgekehrt sind,
so lebt für die Zeit Ihres Aufenthalts auf preußischem Gebiete das Domizil des Landes Ihrer Geburt und Ihr nationaler

[42] Schurz, Lebenserinnerungen, Bd. II, 205 f., 499.
[43] Schurz, Lebenserinnerungen, Bd. II, 499.
[44] Poschinger, Bismarck und die Diplomaten, S. 400.

2*

Charakter wieder auf und Sie sind verpflichtet, den preußischen Gesetzen so zu gehorchen, als wenn Sie niemals ausgewandert wären." Dieser Standpunkt des diplomatischen Vertreters wurde vom amerikanischen Auswärtigen Amte gebilligt.

Damit schien die Frage erledigt und in der Tat vergingen zehn Jahre, ehe sie wieder Gegenstand einer diplomatischen Korrespondenz wurde. Im Sommer 1852 fanden Verhandlungen zwischen dem preußischen Ministerpräsidenten und dem amerikanischen Gesandten statt, aber ein Übereinkommen wurde nicht erreicht. Manteuffel wollte keine Zugeständnisse machen, und in seiner Note vom 22. Oktober 1852 an den amerikanischen Geschäftsträger findet sich folgendes ausgesprochen: „Wenn ein Individuum in einem fremden Lande naturalisiert wird, so kann doch die Regierung seines Geburtslandes niemals anerkennen, daß diese Tatsache es an und für sich von den Verbindlichkeiten befreit, welche ihm vor seiner Naturalisation in seiner Heimat oblagen." So ruhte die Frage von neuem bis zum Jahre 1857. Der damalige Gesandte beim preußischen Hofe, Josef A. Wright, machte aber dann alle möglichen Versuche, die Frage definitiv zu regeln. Das amerikanische auswärtige Amt unterstützte Wright, da die demokratische Partei, die damals am Ruder war, eine demagogische Agitation für die Rechte der naturalisierten Amerikaner aufgenommen hatte. Wrights Verhandlungen blieben jedoch erfolglos und der Bürgerkrieg machte seinen Bemühungen ein Ende.

Judd, der neue amerikanische Gesandte, unternahm keinen Versuch mehr, prinzipielle Zugeständnisse von der preußischen Regierung zu gewinnen, sondern erklärte, daß seine Regierung durch eine milde Behandlung einzelner Fälle befriedigt würde. Als im März 1863 die allgemeine Wehrpflicht in der amerikanischen Union eingeführt wurde, bekam das amerikanische auswärtige Amt mehr Verständnis für diese Pflicht der Bürger. In demselben Monat schrieb Seward an Judd folgendes: „Es sind verschiedene Fälle vorgekommen, daß hier naturalisierte Europäer die Vereinigten Staaten verlassen haben, als sie zum Dienste herangezogen werden sollten, und daß sie, um hier nicht dienen zu müssen, nach Europa zurückgekehrt sind, daß sie aber trotzdem drüben den Schutz der Vereinigten Staaten in Anspruch nehmen, um sich ihrer heimatlichen Militärpflicht zu entziehen. Aus diesem Grunde brauchen Sie, ohne vorher ganz besonders instruiert zu sein, in Zukunft keine Vorstellungen mehr zugunsten der dortigen Militärpflichtigen zu machen."[45] Die Nachgiebigkeit Sewards in dieser Frage ist durchaus verständlich, da eine schroffere Behandlung dieser Fälle während des Krieges unpolitisch schien. Dieser Standpunkt tritt in einer Depesche Sewards vom 6. Juni 1863 hervor, in welcher er offen bekannte: „Wegen der jetzigen Lage der Union ist es unangemessen . . . zu intervenieren."[46]

Diese Haltung Sewards war nicht ohne Einfluß auf Bismarcks Behandlung der Wehrpflichtfrage, die 1863 in Amerika auftauchte. Nach dem amerikanischen Konskriptionsgesetz und der Proklamation des Präsidenten vom 8. Mai 1863 mußten alle Ausländer, die an den Wahlen teilgenommen hatten oder die ihre Absicht, Bürger zu werden, erklärt hatten, im Heere dienen. Schon am 26. März hatte von Gerolt eine Unter-redung mit Seward über diese Angelegenheit, ohne etwas bestimmtes zu erreichen. Gerolt bat frühzeitig um Instruktionen und am 5. Juni richtete die preußische Regierung ein Schreiben an ihn. „Es besagte, die Regierung würde an dem Grundsatz festhalten, daß kein Preuße zum Militärdienst in den Vereinigten Staaten genötigt werden könne. Die meisten in Amerika lebenden Preußen würden aber wohl in der einen oder der anderen Weise ihr heimatliches Bürgerrecht verloren haben, oder doch nicht imstande sein, sich als Preußen vollständig zu legitimieren. Da der Erfolg diplomatischer Verhandlungen zu deren Gunsten jedenfalls zweifelhaft sei, wäre es im Interesse aller, welche nicht zu dienen wünschten, das Land frühzeitig zu verlassen."[47]

Nach dem Ende des Bürgerkrieges nahm Wright, der wiederum zum Gesandten in Berlin ernannt war, am 9. August

[45] Diplomatic Correspondence, 1862, S. 940.
[46] Idem, S. 941 u. 943.
[47] Schleiden, Berichte de 1863, Nr. 53.

1865 die Kontroverse von neuem auf, diesmal mit Bismarck. In einem am 16. Dezember übergebenen Memorandum schlug Bismarck eine Revision der Handels- und Auslieferungsverträge von 1852 und 1828 vor. „Es könnte zugestanden werden", lautete das Memorandum, „daß nach einer zehnjährigen Abwesenheit nicht nur die Rechte, sondern auch die Pflichten und Verbindlichkeiten eines preußischen Untertans seinem Geburtslande gegenüber erlöschen sollten." Trotz dieses prinzipiellen Entgegenkommens lehnte das amerikanische auswärtige Amt diesen Vorschlag ab. Bismarck war über diesen Entschluß der Union sehr enttäuscht, da er die Frage wirklich auf einem praktischen Mittelwege lösen wollte. Deshalb schlug er eine Reduzierung der Zeit der Abwesenheit auf sieben Jahre vor. Wright wollte diesen Vorschlag sofort annehmen und einen Vertrag abschließen. Aber Seward lehnte in einer Depesche vom 9. April 1866 auch dieses Kompromiß ab und bald danach starb Wright im Amte, ohne etwas erreicht zu haben.

So ruhte die Frage, bis Bancroft zum Gesandten in Berlin ernannt wurde. Er nahm die Verhandlungen mit Bismarck wieder auf und führte sie zu einem glücklichen Abschluß.[48] Am 22. Februar 1868 wurde der bekannte „Bancroft-Vertrag" zwischen dem Norddeutschen Bunde und der amerikanischen Union unterzeichnet, der jene schwierige Frage entschied, die seit 1840 der Gegenstand von fortwährenden Verhandlungen zwischen beiden Mächten gewesen war. Artikel I lautet wie folgt: „Angehörige des Norddeutschen Bundes, welche naturalisierte Staatsangehörige der Vereinigten Staaten von Amerika geworden sind, und fünf Jahre lang ununterbrochen in den Vereinigten Staaten zugebracht haben, sollen von dem Norddeutschen Bunde als amerikanische Angehörige erachtet und als solche behandelt werden."[49] Der Bancroft-Vertrag ist im

---

[48] Auch versuchte er einen Vertrag mit dem damaligen bayerischen Staatsminister, dem Fürsten von Hohenlohe, abzuschließen, ohne etwas zu erreichen.

[49] Über die Vorgeschichte dieses Vertrages: Kapp, Der deutsch-amerikanische Vertrag vom 22. Februar 1868, in den Preußischen Jahrbüchern 35, 509—534, 660—683; 36, 189—228 (1875).

Jahre 1871 auf das Deutsche Reich, nicht aber auf das Reichs-
land Elsaß-Lothringen ausgedehnt worden. Diese Tatsache
bildete den Gegenstand mehrerer Verhandlungen zwischen
Bismarck und Andrew D. White, ohne daß ein dauerndes
Übereinkommen erreicht wurde.[50]

3. Geringere diplomatische Ereignisse.

Während des Bürgerkrieges entstand auch eine Reihe von
unwichtigeren diplomatischen Fragen, die allerdings die politische Lage nicht änderten. Unter diesen Ereignissen war
der Essexfall das erste, das Gegenstand eines Notenwechsels
zwischen Berlin und Washington war. Im Herbst 1862 lief
das preußische Handelsschiff „Essex" in den Hafen von New
Orleans ein. Die Stadt war im April des Jahres von den
Unionstruppen in Besitz genommen und als die „Essex" an-
kam, wurde sie in Haft genommen. Der Kapitän Klatt bat sofort
um Freilassung des Schiffes, da er die Blockade nicht durch-
brochen hatte, doch wurde sie ihm verweigert. Da der größte
Teil der Ladung der „Essex" britischen Untertanen gehörte,
unterstützte der Kapitän des britischen Kriegsschiffes „Ri-
naldo" die Forderung Klatts.[51] Der letztere berichtete den
Fall an das preußische Auswärtige Amt und im November
1862 legte Gerolt seiner Instruktion gemäß den Fall Seward
vor. Die amerikanischen Gesichtspunkte über den Fall wurden
ihm erklärt und der preußischen Regierung sofort mitgeteilt.
Da man bis zum 1. Dezember 1862 nichts weiteres in Washington von der preußischen Regierung in dieser Sache hörte,
so schrieb Seward infolgedessen an Judd, daß er noch bereit
wäre, eine Antwort zu empfangen. Welche weiteren Schritte
die preußische Regierung tat, ist unbekannt, da die Depeschen
bis jetzt nicht veröffentlicht sind. Das Schiff wurde aber
nachher freigegeben.[52]

---

[50] Cahn, Erwerbung und Verlust der Reichs- und Staatsangehörig-
keit, S. 167.
[51] Augsburger Allgemeine Zeitung, 19. November 1862 (Ostsee-
Zeitung, Stralsund, 15. November 1863).
[52] Diplomatic Correspondence, 1862, S. 939.

Ein anderer Streitfall ergab sich aus innerpreußischen Angelegenheiten.

Im Jahre 1863 wuchs die Spannung in der inneren Lage Preußens auf das Äußerste. Der Kampf zwischen Bismarck und dem Landtag hielt die öffentliche Meinung gefesselt. Die Depeschen Judds an seine Regierung enthielten während dieser Periode mehr über die innere als über die äußere Politik Bismarcks. Die gesamte deutsche Presse war wegen dieses Streites in zwei feindliche Lager geteilt. Am 1. Juli 1863 erschienen die sogenannten Preßordonnanzen, die mit besonders scharfen Strafmaßregeln und Strafandrohungen gegen die preußische Presse vorgingen und den Streit wesentlich verschärften. Sehr bald griffen die deutsch-amerikanischen Zeitungen unter Führung der New Yorker Staatszeitung zugunsten der liberalen Seite ein. Die gesamte deutsch-amerikanische Presse versuchte deutsche Politik in der unerbittlichsten Opposition zu der preußischen Regierung zu treiben und ergriff Partei in den inneren Angelegenheiten Preußens, fast als wenn sie deutsche Interessen zu vertreten hätte. Unter diesen Umständen blieb der preußischen Regierung nichts übrig, als die Verbreitung dieser Zeitungen in Preußen zu verbieten. Am 4. November 1863 erließ Graf zu Eulenburg, der Minister des Innern, die folgende Bekanntmachung: „Nachdem gegen die in Nordamerika erscheinenden Zeitschriften: 1. Die New-Yorker Staatszeitung, 2. Das Wochenblatt der New-Yorker Staatszeitung, 3. Das wöchentliche Volksblatt von Cincinnati, 4. Den Täglichen Anzeiger des Westens in St. Louis, auf Grund des § 50 des Preßgesetzes vom 12. Mai 1851 gerichtlich wiederholt auf Vernichtung erkannt worden ist, wird die Verbreitung derselben im preußischen Staate . . . hierdurch verboten."[53]

Der ruhige Gang der preußischen Geschäfte in Washington machte eine Reise des Freiherrn von Gerolt nach Berlin möglich und er nahm im Juni 1864 Urlaub. Seward schätzte seine Tätigkeit sehr hoch ein und war sich des Erfolges bewußt, den sein Einfluß in Berlin haben würde. Am 17. Juni 1864

---

[53] Der preußische Staatsanzeiger, 4. Nov. 1863. Augsburger Allgemeine Zeitung, 12. Nov. 1863.

schrieb er an Judd: „Der Baron von Gerolt geht kürzlich auf
Urlaub nach Berlin. Er ist lang im Dienste gewesen und
nimmt einen vornehmen Rang in der diplomatischen Gesellschaft dieser Hauptstadt ein. Obgleich er während der Um-
wälzung unserer Verhältnisse treulich die Interessen seines
Vaterlandes befürwortet und unterstützt hat, so ist er doch
zur selben Zeit ein starker, offener und hoffnungsvoller Freund
dieser Regierung und des Landes gewesen. Es wird mich besonders freuen, wenn Sie der preußischen Regierung die Überzeugung einflößen können, daß der Baron in der höchsten
Hochachtung und Ehrfurcht nicht nur von dem Präsidenten,
sondern auch vom Volke der Vereinigten Staaten gehalten
wird."[54] Judd zögerte nicht, dem Staatssekretär von Thile diese
ungewöhnliche Note vorzulesen, der kurz nachher die Befriedigung Preußens ausdrückte, daß der Baron von Gerolt
nicht nur vom Präsidenten, sondern auch vom Volke hoch-
geschätzt wurde.[55] Gerolt erreichte endlich am 18. September
1864 Berlin. Er sprach mit dem Könige und der Königin
sowohl als mit dem Kronprinzen über die amerikanischen Verhältnisse und erklärte überall, daß der Triumph des Nordens
sicher sei. Judd berichtete, daß sein Einfluß auch andere
einflußreiche Persönlichkeiten erreicht habe. Vermutlich war
seine klare Vorstellung von dem Gange des Bürgerkrieges auch
von Einfluß auf Bismarck, der als Realpolitiker das kommende
Ende der Rebellion der Südstaaten und den Zusammenbruch
des mexikanischen Kaisertums längst vorausgesehen haben
mußte.[56]

So blieben, im Gegensatz zu den Beziehungen zwischen
den Westmächten und Amerika, bis zum Ende des Krieges
die Beziehungen Preußens mit der Republik immer herzlich.
Preußen unterschied sich von England und Frankreich, indem
es seine Landesgesetze gegen die Ausrüstung von Kaperschiffen
aufrechterhielt. Durch seine Ankäufe der für die Konföderierten
in Bordeaux erbauten Kriegsschiffe erwies Preußen sogar

[54] Diplomatic Correspondence, 1864, Pt. IV, S. 193.
[55] Diplomatic Correspondence, 1864, S. 217, 5. Juli 1864.
[56] Ibidem, S. 223, 28. September 1864.

mittelbar den Vereinigten Staaten einen wertvollen Dienst. Im
Sommer 1864 waren nämlich in Bordeaux drei Kriegsschiffe
für die Südstaaten gebaut worden. Als die französische Regierung ihre Lieferung an die Konföderierten verhinderte,
wurden sie Preußen angeboten und von dem preußischen Staate
(wohl mit Rücksicht auf die politische Lage) angekauft. Das
erste Schiff „Augusta" erreichte Hamburg im August und kurz
nachher kam das zweite, die „Viktoria", an.[57] Die amerikanischen Diplomaten waren sehr bemüht gewesen, um eine
Lieferung der Schiffe an die Südstaaten zu hindern. Judd
war in der Lage, frühzeitig an seine Regierung zu berichten,
daß Preußen die Schiffe kaufen würde. Seward drückte ihm
für diese wertvollen Nachrichten seinen Dank aus.[58] Auch
kaufte Preußen durch Dr. Schleiden, Minister der Hansestädte,
zwei Kriegsschiffe in Amerika.[59]

Sowenig auch die auswärtige Politik Preußens direkte
Interessen oder Absichten in Amerika zu vertreten hatte, so
scheint es doch, als wenn sie bei einer Gelegenheit es bewußt
vermied, der Union Schwierigkeiten zu machen. Als Bismarck
am 13. Oktober 1864 in Biarritz weilte, bot Herr Julius Hansen,
ein diplomatischer Agent Dänemarks, einen Teil der dänischen
Kolonien in der neuen Welt Preußen an, um mit dieser Ab-
tretung das dänische Nordschleswig zurückzugewinnen. Bismarck lehnte aber den Vorschlag ab.[60] In seiner Rede in der
preußischen Kammer am 2. Juni 1865 sagte er: „Ich habe
diesen Vorschlag abgelehnt, teils aus sachlichen Gründen, teils,
weil der Unterhändler nicht legitimiert war."[61] Ob Bismarck
damit Rücksicht auf die Monroe-Doktrin nehmen wollte, bleibt
dahingestellt.[62]

[57] Diplomatic Correspondence, 1864, S. 194, Nr. 26.
[58] Ibidem, S. 194, Nr. 18, 20. Sept. 1864.
[59] Ibidem, S. 222. — [60] Hansen, A travers la Diplomatie, S. 16—19.
[61] Bismarck-Regesten, Bd. II, S. 241.
[62] Nebenbei darf erwähnt werden, daß während der Zeit, als Andrew
D. White Gesandter in Berlin war, Bismarck den sehr geschickten Versuch
machte, Amerika etwas von der Monroe-Doktrin abzulenken. Er versuchte
Amerika und England für eine gemeinsame Intervention im Kriege zwischen
Peru und Chile zu gewinnen, aber Amerika lehnte den Plan ab. White,
Aus meinem Diplomatenleben.

Da die diplomatischen Beziehungen zwischen den Süd-
staaten und England und Frankreich eine historische Tatsache
sind, wird man die Frage aufwerfen, ob auch derartige Beziehungen zwischen Preußen und den Südstaaten stattfanden.
Gerade weil solche Beziehungen nur von einem unoffiziellen
Charakter sein könnten, ist die Frage schwer zu beantworten.
Bis zum Sommer im Jahre 1863 hatten die Konföderierten
keinen Kommissar nach Berlin geschickt. Damals schrieb aber
Herr Lamar, Kommissar des Südens für Rußland, an Judith P.
Benjamin, Staatssekretär der Konföderation: „Ungeachtet des
jetzigen unruhigen Standes der deutschen Politik, bin ich überzeugt, daß viele Dienste für unsere Sache geleistet werden
könnten, wenn Sie einen Kommissar an die Regierungen von
Österreich und Preußen schickten."[63] Ob ein Kommissar
wirklich abgesandt worden ist, ist jedoch höchst unwahrscheinlich, da in den diplomatischen Archiven des Südens keine
Berichte vorhanden sind. Zweifellos hielt Benjamin es für
unnütz, Kommissäre an ein Volk zu schicken, das seine eigenen
Agenten als sehr der Union freundlich bezeichneten. Dagegen
bekam wahrscheinlich das preußische auswärtige Amt durch
die Legation in Paris die diplomatischen Noten, die die Kommissäre der Konföderierten an die Vertreter der Großmächte
in Paris lieferten. Unter solchen war zweifellos die Note vom
11. November 1864, die erklärte, daß die Südstaaten zur Annahme einer Intervention der Großmächte bereit wären.[64]

II. Die Hansestädte.

Die diplomatischen Beziehungen zwischen Bremen und
den Vereinigten Staaten hatten ihren Ursprung in den rasch
emporsteigenden Handelsbeziehungen der ersten Hälfte des
19. Jahrhunderts. Nach der Eröffnung der transatlantischen
Dampfschiffahrt zwischen Amerika und England tauchte in
Amerika auch der Plan einer direkten Verbindung mit dem
europäischen Festlande auf. Die Bremer Kaufleute nahmen den
Plan eifrig auf und machten den Versuch, die vorgeschlagene

---

[63] Messages and Papers of the Confederacy, Bd. II, S. 455.
[64] Messages and Papers of the Confederacy, Bd. II, S. 681 u. 684.

Linie nach ihrer Stadt zu lenken. Dudley Mann, damals amerikanischer Konsul in Bremen, nahm auch daran ein lebhaftes Interesse und führte selbst die Verhandlungen in Washington. Um einen Vertreter am Orte zu haben, schickte Bremen im Jahre 1845 Karl Gevekoht als Spezialgesandten nach Washington, der die Gründung der Aktiengesellschaft herbeiführte. Da das nötige Kapital nicht in New York zu finden war, gaben Preußen, Bremen, Hannover, Oldenburg, Sachsen, die Thüringischen Staaten, Frankfurt a. M., Hessen-Darmstadt und Baden Beiträge.[65]

Diese Sendung Gevekohts bildete den Präzedenzfall, der zu der Gründung der bremischen Gesandtschaft in Washington mit Dr. Rudolf Schleiden als erstem Ministerresidenten führte. Rudolf Matthias Schleiden wurde am 22. Juli 1815 auf Ascheberg bei Plön in Holstein geboren. Er trat, nachdem er seine juristischen Studien in Deutschland vollendet hatte, 1840 in den dänischen Staatsdienst ein. Als der Krieg im Jahre 1848 ausbrach, hielt er zu den Herzogtümern und verließ Kopenhagen, um in den Dienst der provisorischen Regierung Schleswig-Holsteins zu treten. Von Kiel aus wurde Schleiden erst als Vertreter nach Frankfurt geschickt, wo er in das Vorparlament eintrat. Hier wurde er unter anderen hervorragenden Männern mit dem Bürgermeister von Bremen Dr. Smidt bekannt, dem er seine spätere diplomatische Karriere verdankte.

Als 1853 der Senat von Bremen sich entschloß, einen Ministerresidenten nach Amerika zu schicken, bot Smidt die Stellung Schleiden an, der sie sofort annahm. Schon im Sommer desselben Jahres reiste er nach Washington ab. Nachdem er seine Beglaubigungsschreiben dem Präsidenten Pierce überreicht hatte, machte er mit dem Geheimrat Delbrück, dem damaligen preußischen Kommissar zur ersten amerikanischen Gewerbeausstellung in New York, eine Reise durch den Westen der Vereinigten Staaten.[66]

Schleiden gewann bald eine hohe Stellung in dem diplomatischen Korps in Washington. Von Natur aus reich begabt und mit ungewöhnlichen Kenntnissen ausgestattet, wußte er

[65] von Bippen, Geschichte der Stadt Bremen, Bd. III, S. 493.
[66] Deutsche Biographie: Schleiden R., Bd. LIV, Nachträge.

eine führende Rolle unter den Vertretern der Großmächte zu
spielen. Oft zu Rate gezogen und überall in der Gesellschaft
gesucht, blieb er ein Jahrzehnt lang, obgleich er nur der Vertreter einer Hansestadt war, einer der bedeutendsten Persönlichkeiten unter den fremden Diplomaten.

Wie die meisten seiner Kollegen hatte Schleiden die
kommende Krisis schon längst vorausgesehen. „Seit den
Zeiten des Unabhängigkeitskrieges", bemerkte er in seiner
ersten Depesche im Jahr 1861, „hat kein Jahr für die Vereinigten Staaten unter so drohenden Verhältnissen begonnen,
wie das Jahr 1861."[67] Unter den Drohungen und Kompromiß-
Vorschlägen war es allerdings schwierig, klar über die Lage
zu urteilen. Doch schien Schleiden, trotz der Bemühungen
Crittendens und des Erfolges der Rede von Seward im Senat,
die Sezession des Südens als nahe bevorstehend zu betrachten.
Treffend sagt ihm der Senator Hemphill von Texas über Sewards Rede: „Es wäre eine schöne Rede für den 4. Juli, aber
wir treten aus der Union aus."

In einer Privatunterredung mit Schleiden am 25. Januar
1861 wiederholte Seward jedoch seine optimistische Auffassung, daß die Sezession nur ein Parteimanöver wäre
und bemerkte: „Mit der neuen Administration wird Ordnung wiederkehren." Dann entwickelte er, der künftige Staatssekretär, dem bremischen Gesandten jenen abenteuerlichen
Plan, einen auswärtigen Krieg herbeizuführen, der einige
Monate nachher von ihm dem Präsidenten Lincoln vorgelegt,
aber von diesem ohne weiteres abgelehnt wurde. „Wollte
der liebe Gott", sagte Seward zu Schleiden, „den Vereinigten
Staaten einen Vorwand zu einem Kriege mit England oder
Frankreich oder Spanien geben, so würde darin das beste
Mittel bestehen, sofort den Frieden im Innern wiederherzustellen."[68] Noch einmal am 10. Februar 1861 sprach Seward
mit Schleiden über dieses Thema und „beklagte, daß augen-
blicklich keine auswärtige Frage obschwebte, die einen guten
Vorwand zum Bruche mit einer fremden Macht biete."[69] Daß

---

[67] Bericht des Ministerresidenten Dr. Schleiden de 1861, Nr. 1.
[68] Berichte de 1861, Nr. 13. — [69] Id., Nr. 20.

Seward den alten staatsmännischen Gedanken, die innere
Politik durch äußere Politik zu treiben, nicht zufällig aufgenommen, wie oft behauptet wird, sondern lange im stillen
überlegt hatte, beweisen durchaus seine Unterredungen mit
Schleiden.[70]

Der Gang der Ereignisse zeigte aber, daß der Bruch
zwischen dem Norden und dem Süden endgültig war. Schon
im Frühjahr 1861 bildeten die Schiffahrtsangelegenheiten in
den südlichen Staaten eine große Besorgnis für die fremden
Gesandten. Da nächst England die Stadt Bremen unmittel-
bar in dieser Frage interessiert war, bemühte sich Schleiden,
um die günstigsten Bedingungen für den auswärtigen Handel
zu erlangen. Endlich am 11. Januar 1861 antwortete ihm
Black, der damalige Staatssekretär, in einer offiziellen Note,
daß fremde Schiffe in Charleston auf eigenes Risiko einlaufen
würden. Doch fügte er hinzu, daß die Regierung der Union
kaum Schwierigkeiten in den Weg legen würde.[71] Von südlicher Seite empfing Schleiden am 19. Februar Charles H. Rhett,
der im Auftrage des Gouverneurs von Südkarolina anfragte,
ob Schiffe mit einer Klarierung vom Staatszollamt nach
Bremen abgehen könnten.[72] Auf diese Frage gab Schleiden
keine bestimmte Antwort.

Mit Lincoln und anderen neuen Führern der republikanischen Partei wurde Schleiden bald bekannt. Am 2. März,
zwei Tage vor der Inaugurierung, gab Schleiden ein Diner
zu Ehren des neuen Präsidenten, das etwas ungewöhnliches
war, denn die Etikette erlaubt dem Präsidenten nicht, fremden
Einladungen zu folgen. Anwesend waren auch vier der
künftigen Minister des Präsidenten, ferner der Generalleutnant
Scott, der Generalkonsul Schumacher und Dr. Rösing, der Bot-
schaftsattaché.

Der Regierungswechsel in Washington bildete den entscheidenden Moment in der amerikanischen Krisis. Da Schleiden
die hervorragenden Führer beider Parteien kannte und alle
Hoffnung auf Frieden noch nicht aufgegeben hatte, reiste er
in der letzten Woche des April 1861 im tiefsten Geheimnis mit

[70] Vgl. Bancroft, T., The Life of William Seward, Vol. II, 163.
[71] Berichte de 1861, Nr. 6. — [72] Berichte de 1861, Nr. 25.

einem Paß vom Auswärtigen Amte nach Richmond, der Hauptstadt der neuen Konföderation, um im letzten Moment den
Versuch eines Kompromisses zwischen dem Norden und dem
Süden zu machen. Obgleich Schleiden keine amtliche Mitteilung von der Washingtoner Regierung in Richmond über-
reichte, war es ihm doch möglich, die Ansichten Sewards über
eine Wiederherstellung der Union in Richmond vorzutragen.
Sein Versuch, der unzweifelhaft von Seward inspiriert war,
kam aber zu spät; die leitenden Männer des Südens waren
entschlossen, definitiv aus der alten Union auszutreten. Am
Nachmittag des 27. April mußte Schleiden schließlich nach
Washington zurückkehren, ohne etwas erreicht zu haben.[73]
Bald nachher erstattete er dem Präsidenten und dem Staatssekretär einen Bericht über seine Mission.[74]

Die Zeit der Kompromisse war in der Tat vorbei und
Schleiden wurde bald mit der Frage der Anerkennung der
Südstaaten und des Seerechtes beschäftigt. Seward, der zuerst eine Anerkennung der Südstaaten von einer oder der
anderen der Westmächte nicht ungern gesehen hätte, um
damit den Brand allgemein zu machen, wechselte jetzt plötzlich seine Meinung. In freier Unterhaltung mit Schleiden und
von Gerolt drückte er mehrmals die Notwendigkeit aus, daß
keine Einmischung fremder Mächte in die amerikanische Krisis
stattfinde.[75] Schleiden hatte frühzeitig um Instruktionen ge-
beten und am 1. Juni 1861 schrieb ihm der große bremische
Staatsmann Dr. Smidt, „daß keine Veranlassung vorlag, mit
einer bestimmten Erklärung über die Stellung hervorzutreten,
welche Bremen den amerikanischen Verhältnissen gegenüber
einzunehmen beabsichtigt".[76] In der Depesche, in welcher
Schleiden den Empfang dieser Instruktionen anerkennt, schickte
er eine Abschrift der ähnlichen Instruktionen des italienischen
Auswärtigen Amtes vom 22. Mai 1861 an den Ritter von
Bertinatti in Washington. Es war einer der letzten Akte des
großen Cavour, der, nachdem er den Gesandten ermahnt hatte,

---

[73] Berichte de 1861, Nr. 53.
[74] Berichte de 1863, Nr. 15, Anlage.
[75] Berichte de 1861, Nr. 58 u. 70. — [76] Id., Nr. 72.

sich den kämpfenden Parteien gegenüber zurückzuhalten, in
den Worten gipfelte: „Cette réserve toutefois, Monsieur le Che-
valier, ne saurait aller jusqu'à nous defendre de manifester
nos sympathies pour le triomphe du nord, car la cause, qu'ils
soutiennent, n'est pas seulement la cause de la légalité con-
stitutionelle, mais la cause de l'humanité."[77]

Schon im März 1861 sah das amerikanische Auswärtige
Amt ein, daß eine Schließung der südlichen Häfen unbedingt
internationale Schwierigkeiten hervorrufen würde. Da England und Bremen am meisten am amerikanischen Handel be-
teiligt waren, lud Seward den englischen Gesandten Lord
Lyons und Schleiden ein, mit ihm über die Blockade zu
sprechen. Seward wollte, daß die beiden Gesandten das Gespräch vor ihren Regierungen geheim halten sollten. Sie
lehnten jedoch dieses Ansinnen ab, berichteten vielmehr die
Unterredung streng vertraulich an ihre Regierungen. Während
der Unterhaltung erwähnte Seward den Plan einer Erhebung
der Unionszölle vor den Häfen des Südens und bat die beiden
Gesandten um ihre Meinungen darüber. Lyons und Schleiden
erklärten sich sehr dagegen und zwar, weil die Erhebung zu
viele Reklamationen hervorrufen würde.[78]

Die reguläre Blockade veranlaßte doch viele Reklamationen
und Fragen seitens Schleidens. Am 3. Mai 1861 lehnte es
Seward ab, bremische Auswandererschiffe durch die Blockade
von New Orleans zu lassen.[79] Am 9. Mai erklärte er aber
in einer Note an Schleiden, daß bremischen Schiffen, die schon
in New Orleans waren, eine Frist von 15 Tagen erlaubt sein
würde, um den Hafen zu verlassen.

Unter den allgemeinen Seerechtsfragen, die die Blockade
der Südstaaten hervorrief, war die Frage über die Haltung der
Union der Pariser Deklaration gegenüber wohl die wichtigste.
Durch die auswärtigen Vertreter und die allgemeine Lage beeinflußt, entschloß sich Seward schon im Mai 1861, das
Marcysche Amendement der Deklaration fallen zu lassen und
auf der Basis der Pariser Erklärung Verträge mit den daran

[77] Berichte de 1861, Nr. 72, Anlage.
[78] Berichte de 1861, Nr. 48, Vertraulich.
[79] Berichte de 1861, Nr. 59, Anlage.

beteiligten Mächten abzuschließen. Auf diese Weise wollte
er eine Anerkennung der südlichen Kaperschiffe seitens der
Westmächte aus der Welt schaffen.[80]

Am 29. Mai 1861 schlug Seward in einer Note an Schleiden
die Schließung eines solchen Vertrages nach dem Muster
des vorgeschlagenen englisch-amerikanischen Entwurfes vor.[81]
Schleiden ging eifrig darauf ein und bat zu diesem Zweck seine
Regierung sowohl wie diejenigen von Hamburg und Lübeck
um Vollmacht.[82] Am 26. Juni wurde diese seitens Bremens
und am 28. Juni seitens Hamburgs und Lübecks bewilligt.
Sobald Schleiden die Vollmachten bekam, legte er den Entwurf eines Vertrages Seward vor. Seward, der im Mai so
eifrig bei der Sache war, bat nun um eine gewisse Zeit, um
den Entwurf durchzusehen.[83] Trotz des Versuches Schleidens,
durch einige Senatoren, Kabinettsmitglieder und den preußischen Gesandten einen Druck auf Seward und Lincoln aus-
zuüben, zog sich die Verhandlung in die Länge.[84] Endlich am
22. Juli 1861 berichtete Schleiden nach Bremen, daß die amerikanische Regierung definitiv abgelehnt habe, mit oder ohne
das Marcysche Amendement der Pariser Deklaration beizu-
treten.[85] Dieser Entschluß Sewards ist aus der veränderten
diplomatischen Lage gut zu verstehen. Die meisten Großmächte, wie Preußen, hatten sich schon mit der bloßen Zustimmung der Vereinigten Staaten zu der Pariser Deklaration
zufrieden erklärt. Und da die Westmächte den Süden als
kriegführende Macht anerkannt hatten, verlor die ursprüngliche Politik Sewards ihren Zweck. In dieser veränderten Lage
wollte Seward mit Rücksicht auf England und Frankreich die
gefährliche Waffe der Kaperei nicht aufgeben. „Das versteht
sich von selbst", sagte er zu dem russischen Gesandten,
Baron von Stöckl, „daß wir Kaper im Kriege mit England
oder Frankreich brauchen würden."[86]

---

[80] Berichte de 1861, Nr. 65. — [81] Id., Nr. 66.
[82] Berichte de 1861, Nr. 66. — [83] Id., Nr. 79.
[84] Berichte de 1861, Nr. 81.
[85] Berichte de 1861, Nr. 84.
[86] Berichte de 1861, Nr. 84.

Gerade zu dieser Zeit trat ein kleines Ereignis ein, das
Schleiden viel Besorgnis verursachte. Seine Depesche Nr. 94
an „The Honorable Commitee of Foreign Affairs" Bremen,
adressiert, wurde durch Versehen des Washingtoner Postmeisters
an die amerikanische Kommission gleichen Namens gesandt.
Der Vorsitzende der Kommission, der berühmte amerikanische
Staatsmann Charles Sumner, öffnete aus Versehen die Depesche; sobald er aber seinen Fehler entdeckte, schickte er
sie an Schleiden zurück. Schleiden war erst der Meinung,
daß die Depesche im Postamt geöffnet worden sei, erhob
aber auf den Rat einiger seiner Kollegen keine amtliche Be-
schwerde wegen Verletzung seines Siegels.[87] Am 28. August
1861 traf der Legationsrat Dr. Rösing Senator Sumner in
Boston und erwähnte Schleidens Befürchtungen, worauf Sumner
sofort an Schleiden schrieb, daß die Depesche erst von ihm
geöffnet worden sei. „Ich erwähne diese Tatsache", fügte
er hinzu, „so daß Sie über künftige Depeschen nicht beun-
ruhigt sein werden."[88]

Am 11. September 1861 wurde Schleiden von Bremen
instruiert, bei der amerikanischen Regierung anzufragen, ob
er auch die Vertretung der hanseatischen Interessen in Mexiko
übernehmen dürfte. Nach einer Besprechung mit Seward sah
man, daß wegen des damaligen Standes der mexikanischen
Angelegenheiten solch ein Plan kaum genehm war.[89]

Der Trent-Fall, der Mitte November 1861 das ganze diplomatische Korps in Washington überraschte, war wegen der
damit verbundenen Kriegsgefahr für Schleiden von der größten
Bedeutung. Er faßte die Lage sehr ernst auf und berichtete
an seine Regierung: „Wie man diese Sache auch juristisch
beurteilen mag, heißt es jedenfalls ein Unglück." Am 14. Dezember hatte Schleiden eine Besprechung mit Seward, der
ihm sein Bedauern ausdrückte, daß man seine friedlichen Ge-
sinnungen bezweifle.[90] Unter anderem erklärte Seward, daß

[87] Berichte de 1861, Nr. 102.
[88] Berichte de 1861, Nr. 114 u. 115.
[89] Berichte de 1861, Nr. 102.
[90] Berichte de 1861, Nr. 114 u. 115.

der Plan von Wilkes, ungeachtet der Bemerkungen des Marine-
sekretärs Wells, niemals gebilligt worden war.[91]

Am Morgen des 19. Dezembers traf der englische Courier
mit den Depeschen für Lord Lyons in Washington ein. Auch
Seward bekam seine Depeschen von London denselben Morgen,
und um sie ruhig lesen zu können, ging er in einen Kommissions-
saal des Kapitols, so daß, als Lyons um ein Uhr auf das Staatsdepartement kam, Seward nicht zu sprechen war. Erst nachdem er vollkommen orientiert war, besuchte Seward einige
Stunden später den britischen Minister in seiner Wohnung.[92]
Am 21. Dezember sagte Lyons zu Schleiden, daß alle Diskussion über den Fall vorbei sei und daß die Entscheidung
über die Auslieferung der gefangenen Kommissäre bei der
amerikanischen Regierung läge.[93] Nachdem die gefangenen
Kommissäre Ende Dezember ausgeliefert worden waren, bemerkte Schleiden, daß „der moralische Mut, mit welchem die
Regierung und namentlich Herr Seward der öffentlichen Meinung Trotz geboten hat, jedenfalls Anerkennung verdient".[94]

Die Instruktionen, die Österreich, Preußen und Rußland
an ihre Gesandten über den Trent-Fall erteilten, wurden erst
von Seward sehr freundlich entgegengenommen. Am 16. Januar
1862 fragte Seward Schleiden, ob seine Regierung ihm auch
über den Trent-Fall Instruktionen geschickt hätte, und fügte
hinzu, daß er die anderen als ein Zeichen der Anerkennung
der liberalen Grundsätze des Seerechts seitens der Kontinental-
mächte betrachte.[95] Nach den späteren Berichten von Schleiden
änderte aber der Staatssekretär seine Meinung darüber und
erklärte mit Bitterkeit einem Diplomaten, daß „Preußen und
Österreich sich von England hätten ins Schlepptau nehmen
lassen und daß jeder gute Rat, nachdem man bereits einen
Entschluß gefaßt habe, lästig sei".[96]

Im Frühling 1862 bat Schleiden um Urlaub, da er eine
Reise nach Europa machen wollte. Die Zeit schien ihm sehr

---

[91] Berichte de 1861, Nr. 127.
[92] Berichte de 1861, Nr. 128. — [93] Id., Nr. 131.
[94] Berichte de 1861, Nr. 135. — [95] Berichte de 1862. Nr. 5.
[96] Berichte de 1862, Nr. 6.

günstig dafür; auch Seward riet ihm lebhaft zu, den Augenblick
zu benutzen. Dagegen sagte ihm der Kriegsminister: „Warten
Sie lieber noch sechzig Tage, um das völlige Ende der Rebellion
zu sehen."[97] Schleiden teilte kaum diese Ansicht. Er betrachtete den Bürgerkrieg als eine Revolution, nicht als einen
Aufstand, und zweifelte sehr, ob die Union je wiederherzustellen wäre. In diesem Glauben reiste er am 8. April 1862
nach London ab.[98]

Dr. Johannes Rösing, der bremische „chargé d'affaires ad
interim", wurde bald nach der Abreise seines Chefs mit einer
Frage des Sklavenhandels beschäftigt. Am 25. April 1862 setzte
Seward ihn in Kenntnis, daß gewisse amerikanische Schiffe
von New York nach Bremen abgegangen seien, um sich dort
unter bremischer Flagge für den Sklavenhandel auszurüsten.
Rösing antwortete darauf am nächsten Tage, daß er den Fall
an seine Regierung berichtet hätte, welche ohne Zweifel die
nötigen Schritte tun würde. Um Seward über das bremische
Recht über Sklavenhandel in Kenntnis zu setzen, zitierte
Rösing das Gesetz vom 20. Februar 1837 zur Unterdrückung
des Sklavenhandels und die Konvention der Hansestädte mit
England und Frankreich vom 9. Juni 1837.[99] Der Verdacht,
daß die bremische Flagge zum Sklavenhandel mißbraucht
würde, erregte die sorgfältige Aufmerksamkeit der bremischen
Regierung. Die Nachricht wurde sofort am 14. Juni der olden-
burgischen Regierung mitgeteilt, da man vermutete, daß die
Schiffe in einen oldenburgischen Hafen einlaufen würden. Auch
Schleiden, der in Bath weilte, wurde zu Rate gezogen und
schlug als eine Antwort auf die amerikanische Note eine kurze
Widerlegung der angeblichen Verdachtsgründe infolge der
polizeilichen Untersuchung vor. Am 21. Juni schrieb der
Senator Gildemeister an Rösing, daß der Verdacht gegen
Bremer Schiffe wegen Sklavenhandels sich als unbegründet er-
wiesen hätte. Dabei drückte er aber seine Zustimmung zu
den amerikanischen Anstrengungen zur Unterdrückung des
Sklavenhandels aus. Am 30. Juni benachrichtigte das groß-

---

[97] Berichte de 1862, Nr. 26. — [98] Id., Nr. 31.
[99] Berichte de 1862, Nr. 35 Anlage.

herzoglich oldenburgische Amt in Brake, das den Fall unter-
sucht hatte, die Bremer Regierung, daß die verdächtigen Schiffe
schon angekommen seien und nichts gegen sie einzuwenden
wäre. Rösing berichtete am 17. Juli den Inhalt der Note seiner
Regierung an Seward, der am 28. desselben Monats den Dank
seiner Regierung für das Ergebnis der Untersuchungen aus-
sprach. Damit war die Angelegenheit erledigt.[100]

Am 10. Dezember 1862 kehrte Schleiden nach New York
zurück. Während seiner Abwesenheit in Europa hatte er die
amerikanische Lage nicht nur mit seiner eigenen Regierung,
sondern auch mit hervorragenden Diplomaten anderer Länder
besprochen. Als er in Paris war, wurde er am 18. November
vom französischen Minister des Auswärtigen, Drouyn de Lhuys,
empfangen. Der französische Minister sprach sehr eingehend
über amerikanische Verhältnisse und erklärte, daß ihm weder
an der Union noch an der Auflösung der Union, weder an
der Sklaverei noch an der Abolition etwas gelegen wäre. Aber
er behauptete, daß Friede in Amerika unbedingt nötig wäre,
um die mexikanische Frage zu lösen.[101]

Schleiden erreichte Washington gerade nach der Ministerkrisis, die die Folge der Beschlüsse des „Caucus" der republikanischen Senatoren vom 17. Dezember war. Seward, der
eine rechtzeitige Warnung vor den Beschlüssen gegen die
Politik des Kabinetts erhalten hatte, vereitelte sie, indem er
die Sache an die Öffentlichkeit brachte. Am 21. Dezember
besuchte Schleiden Seward, um ihn zur Wiederaufnahme der
Geschäfte zu beglückwünschen und über seinen Empfang als
nunmehr zurückgekehrter hanseatischer Minister zu sprechen;
der bisherige bremische Geschäftsträger war nämlich von
jetzt an als hanseatischer Ministerresident, als Vertreter der
drei Städte Lübeck, Hamburg und Bremen bei der Union beglaubigt. Wegen der Ministerkrisis mußte aber der offizielle
Empfang verschoben werden und erst am 23. Dezember wurde

---

[100] Berichte de 1862, Nr. 55, nebst Anlage: Extract aus dem Senats-
protokolle de 1862, Mai 19. August 19.

[101] Berichte de 1862, Nr. 79 u. 85.

Schleiden als hanseatischer Minister vom Präsidenten empfangen.[102]

Der Erlaß der Proklamation über die Emanzipation der
Sklaven am Anfang des Jahres 1863 machte überall den größten
Eindruck. Wie Schleiden so oft berichtet hatte, war die Befreiung der Sklaven die natürliche Folge des Sieges der Abolitionisten im Norden. Allerdings dachte Schleiden nicht sehr
optimistisch über den Erfolg der Proklamation, sondern bezeichnete sie als einen gefährlichen Schritt. Treffend, bemerkte
er, waren die Worte Machiavellis, der die Frage aufwarf, was
schwieriger sei, Freie zu Sklaven oder Sklaven frei zu machen.[103]

Im Februar 1863 tauchte die mexikanische Frage in dem
amerikanischen Senat auf infolge einer Resolution von Mc.
Dougall von Kalifornien zugunsten der Mexikaner. Trotz
der Ablehnung dieser Resolution erklärten viele Senatoren
Schleiden, daß ein auswärtiger Krieg das beste Mittel wäre,
um die Union wiederherzustellen. Als Schleiden Seward nach
den Plänen der auswärtigen Kriegspartei fragte, lehnte dieser eine
Diskussion der Frage ab, indem er scherzend sagte, er dürfe
darüber nicht sprechen, ohne vorher die Befehle des Präsidenten eingezogen zu haben. Dem französischen Gesandten
Mercier hatte die Expedition nach Mexiko von Anfang an
große Sorge gemacht. Über Mexiko pflegte er zu sagen: „c'est
mon cauchemar."[104]

Nach der Veröffentlichung der Depeschen Merciers in Paris
über seine Reise nach Richmond im August 1861 verlangte
der amerikanische Kongreß die Vorlegung der Korrespondenz
zwischen Seward und Mercier über diese Reise. In einem
Schreiben an den Präsidenten vom 9. Februar 1863 gab Seward
die nötigen Erklärungen über die Genehmigung der Reise
Merciers und zitierte als Präzedenzfall dafür die Bewilligung
eines Passes für Schleiden für seine Reise nach Richmond
im April 1861. Diese Veröffentlichung hatte den erwünschten
Erfolg. Rücksichtlich der Erwähnung seines Namens in der

---

[102] Berichte de 1863, Nr. 3.
[103] Berichte de 1862, Nr. 62 und Berichte de 1863, Nr. 1.
[104] Berichte de 1863, Nr. 11.

Mitteilung des Staatssekretärs bemerkt Schleiden, daß „das
Geheimnis meiner Mission bisher streng bewahrt wird und,
wie Herr Seward mir unaufgefordert sagte, nur deshalb ver-
letzt ist, weil er dadurch sein Verfahren gegen den französischen Gesandten in ein besseres Licht zu setzen ver-
mochte".[105]

Am 26. April 1863 wurden Schleiden, von Gerolt und der
schwedische Gesandte von Seward eingeladen, eine sechs-
tägige Exkursion nach den großen militärischen Punkten im
Osten zu machen. Schleiden berichtete, daß die Unionsarmee
einen weitaus günstigeren Eindruck machte, als er erwartete.
Der politische Erfolg dieser Reise war ein solcher, daß Seward
im August eine zweite nach dem mittleren Teil des Staates
New York veranstaltete, zu der das ganze diplomatische Korps
eingeladen wurde. Schleiden berichtet sehr ausführlich über
den glänzenden Empfang, der zu Ehren des diplomatischen
Korps veranstaltet wurde, und sicher war die Reise ein echt
amerikanischer Gedanke, um die angebliche Freundschaft mit
allen Nationen vor aller Welt zu zeigen.[106]

Doch kaum war eine Angelegenheit mit einer der Westmächte erledigt, als eine andere auftauchte. Schleiden, für den
die wirtschaftliche Seite des Bürgerkrieges maßgebend war,
erblickte in jedem Zwischenfall mit den Westmächten wegen
des Seerechts oder der Blockade den möglichen Keim eines Konflikts. Für besonders bedeutungsvoll hielt er die zweite Resolution Mc. Dougalls, die dieser im Januar 1864 im Senat
einbrachte, Krieg gegen Frankreich zu führen, wenn die französischen Truppen in Mexiko nicht bis zum 15. März ab-
marschierten. Wie seine frühere Resolution wurde diese auch
ohne weiteres abgelehnt. Doch sagte Seward in einem Gespräch mit Schleiden am 14. Januar, daß der Resolution ein
sehr wichtiger Gedanke zugrunde läge und daß sie nur deshalb abgelehnt worden wäre, weil der Termin des französischen Rückzuges zu kurz angesetzt sei.[107] Gerade diese kleine
Bemerkung Sewards ist besonders wichtig, da sie zeigt, daß
der Staatssekretär sich vollkommen klar über seine mexi-

---

[105] Berichte de 1863, Nr. 15.
[106] Berichte de 1863, Nr. 36 u. 67. — [107] Berichte de 1864, Nr. 4

kanische Politik war und daß er nach dem Bürgerkriege nur das ausführte, was er schon 1864 im Sinn gehabt hatte.

Am 15. Februar 1864 bat Schleiden wieder um Urlaub, da Privatangelegenheiten seine Anwesenheit in Europa erforderlich machten. Er betrachtete die politische Lage als durchaus ruhig und sprach seine Überzeugung aus, daß Herr Rösing die laufenden Geschäfte gut übernehmen könnte.[108] Der erwünschte Urlaub wurde Schleiden sofort bewilligt und Anfang April 1864 verließ er Washington, um erst nach dem Ende des Bürgerkrieges zurückzukehren. Er war Gesandter in Washington geworden, als die große Periode der politischen Vorherrschaft des Südens zu Ende ging. Aber schon vorher, als Vertreter einer einzigen Hansarepublik, hatte er in wenigen Jahren eine führende Stellung in der diplomatischen Gesellschaft Washingtons einzunehmen verstanden.[109]

Dr. Rösing, der die Gesandtschaft in Washington nach der Abreise Schleidens übernahm, leitete die hanseatischen Geschäfte bis zum Ende des Bürgerkrieges. Vor seiner Abreise hatte Schleiden ein Schreiben des Generalpostmeisters Blair an Seward veranlaßt, um während eines Krieges zwischen

[108] Berichte de 1864, Nr. 8.

[109] Über den späteren Lebenslauf Schleidens sei hier nur das folgende bemerkt: Nach seiner Übernahme der hanseatischen Ministerresidentschaft in London im Jahre 1865 geriet er in eine antipreußische Politik, die ihn in Opposition zu Bismarck brachte. Diese war die natürliche Folge von Schleidens politischer Überzeugung. Von Anfang seiner politischen Tätigkeit an war er ein fester Anhänger des politischen Systems des deutschen Bundes, und insbesondere war sein Streben auf die Herstellung Schleswig-Holsteins als eines selbständigen Gliedes jenes Bundes gerichtet; daran hielt er mit einer eisernen Konsequenz fest. Er widerstrebte mit seiner ganzen Kraft den Annexionsplänen Bismarcks und als diese doch zustande kamen, war seine diplomatische Laufbahn beendigt. Nachdem er noch in den Jahren 1870 bis 1873 dem deutschen Reichstage angehört hatte, zog er sich nach Freiburg zurück. In seinen letzten Lebensjahren beschäftigte er sich mit seinen Lebenserinnerungen, von denen vier Bände erschienen (Wiesbaden 1886—1893), die aber nur seine schleswig-holsteinische Periode, die Jahre 1841 bis 1850, behandeln. Zum letzten Male reiste er 1888 nach Berlin, wo er die Tochter des Herzogs Friedrich als deutsche Kaiserin begrüßte. Vollkommen mit der neuen Ordnung versöhnt, starb er am 25. Februar 1895.

Dänemark und Deutschland die Neutralität der transatlantischen Postschiffe von Bremen und Hamburg zu sichern. Seward kam mit dem dänischen Gesandten von Raastoff in dieser Sache überein, der dies seiner Regierung übermittelte. Inzwischen hatte Schleiden allen hanseatischen Schiffen in amerikanischen Häfen eine Warnung wegen des Krieges zukommen lassen. Die Nachricht einer Einwilligung in den Vorschlag Schleidens seitens der dänischen Regierung erreichte Rösing erst im Mai. Am 20. Mai ging er auf das Staatsdepartement, um den Dank seiner Regierung für den Erfolg der amerikanischen Bemühungen wegen der Neutralität der Dampfschiffe auszusprechen.[110]

Mit dem Ende dieser Angelegenheit sind die bedeutenderen diplomatischen Fragen, die während des Bürgerkrieges entstanden, beendigt. Zwar gab es noch einzelne Diskussionen zwischen Rösing und Seward über Reklamationen und Konsularrechte, aber sie waren von geringer Bedeutung. Hatte Schleiden, schon bevor er Washington verließ, längst eingesehen, daß der gewaltige Aufstand des Südens scheitern mußte, so berichtete Rösing stets, daß die Rebellion hoffnungslos wäre und daß die gerechte Sache des Nordens endlich triumphieren müßte. „Der geschichtsphilosophischen Betrachtung", schrieb er am 23. März 1865, „mußte dabei die Idee, inmitten der Zivilisation des 19. Jahrhunderts ein Staatswesen auf Grundlage der Sklaverei zu errichten, als eine Monstrosität erscheinen, als ein Frevel gegen den Geist der Zeit wie gegen die eigene menschliche Natur, die den Keim tragischer Entwicklung in sich trägt."[111]

Preußen und die Hansestädte waren — außer Österreich — die einzigen deutschen Staaten, die während des amerikanischen Sezessionskrieges selbständige diplomatische Beziehungen zu Amerika hatten. Die anderen deutschen Staaten besaßen teils wegen ihrer geographischen Lage, teils wegen ihrer geringen Bedeutung keine diplomatischen Vertreter in Washington. Die Vereinigten Staaten hatten nur einen Gesandten in Deutschland, der am Berliner Hofe beglaubigt wurde.

---

[110] Berichte de 1864, Nr. 25 u. 26. — [111] Berichte de 1865, Nr. 10.

Für alle speziellen Zwecke wurde aber der Gesandte in Berlin besonders an die anderen Höfe beglaubigt.

Die diplomatischen Fragen zwischen diesen anderen deutschen Staaten und Amerika, die im Laufe des Bürgerkrieges sich erhoben, waren ganz minimal. Am 22. August 1863 protestierte der amerikanische Konsul in München gegen die Erhebung einer Steuer auf offizielle Bücher, die von Washington nach München geschickt waren. Das bayrische Auswärtige Amt hatte früher im Dezember 1861 entschieden, daß Schreibwaren für das Konsulat zollfrei sein sollten. Deswegen protestierte der Konsul gegen einen Zoll auf Bücher, die für das Konsulat bestimmt seien. Seward antwortete aber, daß, da die Vereinigten Staaten auch Zölle auf Artikel für fremde Konsulate erhöben, das Auswärtige Amt nichts in dem Falle tun könnte.[112]

Eine andere Zollstreitigkeit tauchte in Hannover auf, wo die Steuerbeamten einen Exportzoll von drei Talern für den Zentner auf gewisse Pakete von Leinen verlangten, die als ein Geschenk der Deutschen in Frankfurt nach Amerika geschickt wurden. Der amerikanische Generalkonsul in Frankfurt legte den Fall der Regierung Hannovers vor und nach einer Zurückhaltung von vier Wochen wurden die Pakete freigelassen.[113]

Eine weitere geringfügige diplomatische Frage war der Struvefall. Gustav Struve, ein Achtundvierziger und revolutionärer Führer in Baden, war nach Amerika ausgewandert und hatte im Sezessionskriege in der Unionsarmee gedient. Nach der badischen Amnestie kehrte er nach Deutschland zurück und ließ sich in Coburg nieder, wo er eine Zeitschrift „Diesseits und Jenseits des Ozeans" herausgab.[114] Im Jahre 1863 wurde er zum amerikanischen Konsul für Thüringen ernannt. Die Regierung von Sachsen-Meiningen verweigerte jedoch aus begreiflichen Gründen dem radikalen Publizisten das Exequatur, und schließlich enthob das amerikanische Staatsdepartement ihn seines Amtes.

---

[112] Diplomatic Correspondence 1863, Pt. II, S. 1380.
[113] Diplomatic Correspondence 1863, Pt. II, S. 1384.
[114] Siehe darüber Seite 60.

Zweiter Teil.

Die öffentliche Meinung Deutschlands während des amerikanischen Bürgerkrieges.

I. Die Deutschamerikaner und der Bürgerkrieg.

Erst am Ende des 17. Jahrhunderts begann die lange Periode der deutschen Auswanderung nach Amerika, die die Rassenverwandtschaft zwischen beiden Nationen so befestigt hat. Schon in der amerikanischen Kolonialzeit fand eine große Auswanderung von Süddeutschland und besonders von der Pfalz nach Amerika statt. Diese Deutschen siedelten sich meist in Pennsylvanien und den angrenzenden Staaten an, eine kleine Zahl wanderte nach den Südstaaten aus; jedoch blieb die überwiegende Mehrheit in den Nordstaaten. Diese sogenannten kolonialen oder pennsylvanischen Deutschen, obgleich sie stark assimiliert wurden, lieferten zur Zeit des Bürgerkrieges bedeutende Führer.

Die zweite große Auswanderung der Deutschen folgte in den Jahren nach den napoleonischen Kriegen. Obgleich eine genaue Statistik über diese Auswanderung nicht existiert, wird sie sehr hoch geschätzt. Von Württemberg allein gingen über 16000 Personen im Jahre 1817, und 1818 gingen 30000 Auswanderer über Mainz und Holland.[115] Nach diesem Höhepunkt der Auswanderung folgte eine Periode der Ruhe. Der Zufall wollte es aber, daß gerade in diesen Jahren zwei der bedeutendsten Deutschamerikaner auswanderten: Franz Lieber und Karl Follen. Beide verfolgten ihre Lebensaufgabe in der neuen Welt isoliert von der Masse ihrer Landsleute; der erste in

---

[115] Deiler, European Immigration into the United States, S. 2.

Süd-Carolina und der zweite in Massachusetts. Beide hatten
ihrer Heimat den Rücken gewandt, um die gedrückten Zustände daheim mit einem freieren politischen Dasein zu ver-
tauschen, und beide haben in ihrer neuen Heimat ihre Namen
mit dem Kampfe für die Sklavenemanzipation verbunden.

Mit der allgemeinen wirtschaftlichen Depression in Europa
im Jahre 1845 stieg die deutsche Auswanderung wieder. Von
den Weberdistrikten Schlesiens kam in diesem und dem folgenden Jahre eine große Anzahl. Harte Winter, schlechte
Ernten und sogar Hungersnot erhöhten die Auswanderung.[116]

Dann kam die revolutionäre Zeit vom Jahre 1848. Von
diesem Jahre an bis 1853 gab Deutschland Amerika viel von
seinem besten Blut. Tausende der intelligentesten und ge-
bildetsten Männer wanderten aus. Professoren und Studenten von allen Fakultäten der Universitäten verließen ihre
Heimat. Aus allen Klassen gingen Männer mit Idealen und
Ehrgeiz, die wegen ihrer revolutionären Anschauung keine
Zukunft mehr im Vaterlande erhoffen konnten. Diese Männer
wurden die Führer der Deutschen in Amerika, und da sie
sich ausschließlich im Nordwesten ansiedelten, widmeten sie
ihre Kraft mit Erfolg der Sache der Freiheit. Aus diesen
Kreisen stammten Schurz und Sigel.[117]

In den Jahren 1852 und 1853 wanderten über 280000
Deutsche aus und 1854 verließen 215000 ihre Heimat, um
in der neuen Welt ihr Glück zu suchen.[118] Diese Emigranten
gingen meistens nach den nordwestlichen Staaten Illinois,
Wisconsin und Missouri. Jedes Jahr wurde ihre Zahl durch
neue vermehrt. Die gesamte Auswanderung vom Jahre 1820
bis 1861 beläuft sich auf 1500000.[119]

---

[116] Interessant ist die Gründung des Vereins deutscher Fürsten und
Standesherren zum Schutze der deutschen Auswanderung nach Texas im
Jahre 1847. Der Fürst von Solms-Braunfels war der führende Geist und
schickte eine Gesellschaft hin, meist deutsche Adlige. Der Plan einer großen
Kolonisation blieb aber ohne Erfolg.

[117] Deiler, European Immigration usw., S. 4—5.

[118] Griesinger gibt die Gesamtzahl der Deutschen in den Südstaaten
auf 513000 an. Es waren wahrscheinlich kaum so viele Deutsche im
Süden. „Freiheit und Sklaverei", S. 254.

[119] Deiler, a. a. O., S. 25. Die genaue Zahl ist 1525805. Während
des Bürgerkrieges wanderten 149638 Deutsche ein.

Von Anfang an forderten die Deutsch-Amerikaner die Abschaffung der Sklaverei. Berühmt ist der erste Protest in Amerika gegen die Sklaverei, der im Jahre 1688 von Pastorius, einigen Crefeldern und Gerhard Hendricks aus Kriegsheim erlassen wurde. Diese Stellungnahme der pennsylvanischen Deutschen lebte in den Deutsch-Amerikanern des 19. Jahrhunderts wieder auf und fand überall im Mutterlande Zustimmung. Ihr erster großer Führer gegen die Sklaverei war Karl Follen, der 1824 nach Amerika übersiedelte und bald Professor an der Harvard-Universität wurde. Im Jahre 1833 trat er der Antisklaverei-Gesellschaft bei und mußte deswegen seine Stellung aufgeben. Bis zu seinem frühen Tode am 13. Januar 1840 widmete er sich der Sache der Freiheit. Mit demselben Eifer traten Johannes Stallo und Olshausen in der Antisklaverei-Bewegung hervor. Im Süden sogar befürwortete Franz Lieber, der Professor an der Universität von Süd-Carolina war, der Befreiung der Sklaven. Nach der Einwanderung der vierziger Jahre nahm der Anteil der Deutschen an der Antisklaverei-Bewegung unter der Führung von Schurz noch mehr zu.

Unter den Deutsch-Amerikanern, die einen Einfluß auf die öffentliche Meinung ausübten, war Karl Schurz weitaus der größte und auch wahrscheinlich einer der namhaftesten Deutschen seiner Zeit. Geboren am 2. März 1829 in Liblar bei Köln, studierte er 1847 an der Bonner Universität, wo er die Bekanntschaft von Kinkel machte. Er beteiligte sich 1848 an der Revolution und entkam bei der Kapitulation von Rastatt auf eine abenteuerliche und verwegene Weise in die Schweiz, kehrte aber nach Berlin zurück, um Kinkel zu befreien, was ihm im November 1850 gelang. Im August 1852 schiffte er sich nach Amerika ein und siedelte nach einem dreijährigen Aufenthalt in Philadelphia nach Wisconsin über. Bald wurde er ein bedeutender Redner der republikanischen Partei und trug wesentlich zu ihrem Siege im Jahre 1860 bei. Im Jahre 1861 wurde er vom Präsidenten Lincoln zum Gesandten in Madrid ernannt. Er versah die diplomatischen Geschäfte in geschickter Weise und erkannte bald das moralische Gewicht, das eine ausgesprochene Stellungnahme der amerikanischen Regierung gegen die Sklaverei in Europa haben würde.

Im Jahre 1862 kehrte er nach Amerika zurück, wurde Brigadegeneral und diente während des Krieges. Im Jahre 1869 wurde er zum Bundessenator von Missouri gewählt und 1877 ernannte Präsident Hayes ihn zum Minister des Innern. Obgleich er infolge seiner amtlichen Stellung während der Kriegsjahre als Publizist nicht viel tätig sein konnte, machte doch seine politische und militärische Laufbahn seit 1848 in Deutschland den größten Eindruck. Sein hoher moralischer Standpunkt in den öffentlichen Fragen und sein Charakter überhaupt riefen allgemeine Bewunderung hervor. Kein geringerer als Bismarck nannte ihn den größten der ausgewanderten Deutschen.[119a]

Es ist aus allen diesen Gründen leicht zu begreifen, daß diese Deutschen, die von einem ungeeinigten Mutterlande abstammten, die bedrohte amerikanische Einheit verteidigten und daß diese Männer, die wegen ihrer liberalen Anschauungen ausgewandert waren und auch in der Ferne vom deutschen Idealismus erfüllt blieben[120], bald in den Sklavenhaltern ihre großen reaktionären und partikularistischen Gegner erkannten.

Der geistige Verkehr zwischen den Deutsch-Amerikanern und dem Mutterland brachte ein Verständnis der amerikanischen Lage in die großen liberalen Kreise Deutschlands.[121] Mit dem Ausbruche des Bürgerkrieges stand die überwiegende Mehrheit der deutschen Bevölkerung auf der Seite des Nordens. Und mit Recht konnten sie stolz auf ihre Landsleute jenseits des Ozeans sein, denn mit der Eröffnung der amerikanischen Rebellion beginnt die glänzendste Periode des Deutschtums in Amerika.[122] Mit vollem Rechte erklärte Charles Sumner am 25. Februar 1862 im Senat der Vereinigten Staaten: „Unsere

---

[119a] Hilgard-Villard, Henry, Lebenserinnerungen, S. 497/98.

[120] Im Jahre 1859 fand die hundertjährige Feier von Schillers Geburt statt. Das Ereignis wurde in Amerika und besonders in New York gefeiert. Eine Büste des Dichters wurde in Bronze nach einem Modell von L. Richter auf einem Piedestal von Granit im Zentral-Park in New York errichtet. Dieses war das erste Denkmal in diesem berühmten Park und damals das einzige von Schiller in der Neuen Welt. (Allgemeine Zeitung vom 26. September 1862.)

[121] Von Achten der Letzte, S. 176.

[122] Deutsche Jahrbücher 1862, B. III, 161.

deutschen Mitbürger sind in dem langen Kampfe mit der Sklaverei nicht nur ernst und treu gewesen, sondern haben die
große Frage stets in ihrer wahren Natur und Bedeutung gesehen."[123]

Im Frühjahr 1861 erschienen jeden Tag Nachrichten in
den deutschen Zeitungen, wie die Deutsch-Amerikaner sich um
die Union sammelten und Regimenter und Brigaden bildeten.
In New York war das siebente, achte, zwanzigste und
neunundzwanzigste Regiment der New Yorker Freiwilligen
ausschließlich deutsch. Oberst Louis Blenker vom achten Regiment hatte an dem Aufstande in der Pfalz teilgenommen und
Oberst Max Weber vom zwanzigsten Regiment war ehemaliger
Offizier in Baden.[124] Ein Regiment Steuben, nach dem Freiherrn von Steuben genannt, wurde unter Oberst Bendex aus
Ungarn, und ein Regiment Kalb, nach dem Baron de Kalb genannt, wurde unter dem Oberst von Gilsa, einem ehemaligen
preußischen Bataillonskommandeur, organisiert.[125] Auch wurde
das sechsundvierzigste Regiment der New Yorker Freiwilligen
von Oberst Rosa, einem früheren preußischen Offizier, kom-
mandiert.[126] Karl Schurz brachte ein Reiterregiment zusammen. Unter den Deutschen, die als Offiziere der New
Yorker Truppe dienten, waren Major Gerhard und Hauptmann
Travers aus Kurhessen, Hauptmann Parcus und die Leutnants
Krause und Bieling aus Württemberg, Hauptmann Tamsen und
Hauptmann Petersen aus Schleswig und Hauptmann Schweizer
und Leutnant Göbel aus Bayern.[127] Unter den schnell ge-
sammelten Truppen, die zu dem Schutz der unbewaffneten
Hauptstadt eilten, befanden sich deutsche Regimenter.

Aber das größte Verdienst der Deutschen am Anfang des
Krieges war die Rettung Missouris. Bei dem „Missouri-Kom-
promiß" war dieser Staat als ein Sklavenstaat in die Union ein-
getreten. In den vierziger Jahren siedelten sich viele Deutsche
in dem Staate, besonders in der Hauptstadt St. Louis an, so daß

[123] Kaufmann, Wm., Die Deutschen im Bürgerkriege.
[124] Hilgard-Villard, Lebenserinnerungen, S. 333.
[125] Augsburger Allgemeine Zeitung, 11. u. 29. Mai 1861.
[126] Aus dem amerikanischen Bürgerkriege, S. 7, 14 u. 17.
[127] Augsburger Allgemeine Zeitung, 5. Juni 1861.

beim Ausbruch des Sezessionskrieges mehrere hunderttausend Deutsche in Missouri wohnten.[128] Obgleich ein großer Teil der Bevölkerung in Missouri mit den Südstaaten sympathisierte und sich der Sezession anschließen wollte, wurden sie durch die loyalen Deutschen daran verhindert. Der Pöbel von St. Louis versuchte sich der Stadt zu bemächtigen, wurde aber von deutschen Unionstruppen zurückgeworfen und somit die Stadt gerettet. Daß Missouri gezwungen wurde, in dem Bunde zu bleiben, ist ausschließlich den Deutschen zu verdanken.[129]

Eine genaue Verfolgung der militärischen Operationen und des Anteils der Deutschen an denselben ist aber unmöglich, und die Einzelheiten würden kaum mehr Licht auf die deutschen Sympathien werfen. Wegen der ungeheuren Ausdehnung des Kriegsschauplatzes und der unsicheren Kommunikationen gerieten die Kriegsnachrichten sehr oft in die größte Verwirrung. Die Zahl von falschen und sensationellen Berichten, die Europa erreichten, war enorm. Doch besaßen die größeren deutschen Zeitungen einen vortrefflichen Meldungsdienst, und das Volk war über den Fortgang besonders gut orientiert. Die Monatsschriften veröffentlichten oft Artikel von Fachmännern über die Kriegsereignisse. Die Bücher von dem Grafen v. Paris und zahlreiche andere militärische Geschichten fanden auch einen großen Leserkreis.[130] Viele Karten, die die Kriegsschauplätze darstellten, wurden abgedruckt.[131]

Das deutsche Volk war nicht nur an den Taten der Amerikaner und Deutsch-Amerikaner interessiert, sondern auch an den der Deutschen, die, um im Heere zu kämpfen, nach Amerika gingen. In den Armeen der Union dienten viele preußische Offiziere, Landwehrmänner und Soldaten.[132] Gerade am Anfange des Krieges war die Anfrage bei der amerikanischen Gesandtschaft in Berlin sehr groß. Der amerikanische Gesandte mußte erklären, daß die Nachrichten über die un-

---

[128] Griesinger, a. a. O., S. 254.
[129] Augsburger Allgemeine Zeitung, 5. Juni 1861.
[130] Unter dem Titel „Kriegsoperationen in Amerika" veröffentlicht.
[131] Augsburger Allgemeine Zeitung, 20. Juli 1861.
[132] Eltze, Briefwechsel von J. L. Motley.

bedingte Aufnahme fremder Offiziere unbegründet wären.[133] Obgleich keine Versprechen gegeben wurden, fanden die meisten Offiziere, die hinübergingen, Stellungen.[134] Unter jenen war der General Steinwehr, der Oberst Prinz Salm, Major von Radowitz und General Stahel.[135] Der Namhafteste von denjenigen, die in den südlichen Heeren dienten, war Heros von Borcke.[136] [137] Auch in Frankfurt und anderen Städten war die Anfrage sehr groß.[138] Der amerikanische Vizekonsul in Bremen berichtete an seine Regierung, daß das Konsulat täglich mit Männern gefüllt wäre, die sich einschreiben lassen wollten.

Es wurde auch materielle Hilfe durch das Volk geleistet. Während des Krieges wurden einige Warensendungen von Leinwand aus Frankfurt und der Umgebung nach Amerika geschickt. Eine Verladung von 79 Paketen hatte das Gewicht von 10033 Pfund, eine andere sogar von 15000 Pfund.[139] Der amerikanische Kriegsminister Stanton, an welchen die Leinwand geschickt worden, dankte durch den Staatssekretär. Lincoln ließ auch durch Seward seine Anerkennung für das Geschenk aussprechen und bezeichnete es als „ein Zeichen der Sympathie unserer deutschen Brüder mit der Sache der amerikanischen Union".[140]

II. Die Haltung der deutschen Presse.

Es konnte nicht anders sein, als daß die öffentliche Meinung in Deutschland von der Parteinahme der Deutsch-Ameri-

---

[133] Preußische Jahrbücher, Bd. III, 1861, S. 90.

[134] Graf v. Reichenbach, Die Krisis in den Vereinigten Staaten, S. 40.

[135] Augsburger Allgemeine Zeitung, 26. Oktober 1861.

[136] Heros v. Borcke, Zwei Jahre im Sattel.

[137] v. Borcke war der einzige deutsche Offizier in der Virginia-Armee. Scheibert, Bürgerkrieg in Nordamerika, S. 68. Major Scheibert wurde von der preußischen Regierung beauftragt, den Bürgerkrieg auf der Seite des Südens zu beobachten. v. Borcke, Zwei Jahre im Sattel, S. 152.

[138] Augsburger Allgemeine Zeitung, 6. September 1862.

[139] Consular Correspondence, S. 1383.

[140] Consular Correspondence, S. 1384 u. 1385.

kaner beeinflußt wurde. Um die öffentliche Meinung über den amerikanischen Bürgerkrieg zu verstehen, ist es aber nötig, einen klaren Überblick über die verschiedenen Parteiorgane, die größeren Zeitschriften und die Werke der Publizisten, die während dieser Zeit mit der Geschichte der amerikanischen Ereignisse beschäftigt waren, zu gewinnen. Die großen politischen Gegensätze der deutschen Nation in dieser Periode spielten in der öffentlichen Meinung über das große Drama in der neuen Welt keine erhebliche Rolle. Von Bedeutung waren aber die entgegengesetzte Stellungnahme der Konservativen und Liberalen, wie sie sich in den führenden Parteiorganen äußerte.

In der Presse der sechziger Jahre war die preußische die maßgebende. In Berlin erschienen die Norddeutsche Allgemeine Zeitung, die Sternzeitung, die Neue Preußische Zeitung, die Berliner Allgemeine Zeitung und die Vossische Zeitung. Als Parteiorgan der preußischen konservativen Partei beobachtete die Neue Preußische Zeitung den Südstaaten gegenüber eine gewisse freundliche Politik, die der Haltung der Mehrheit der Partei entsprach. Der Charakter der Junkerklasse Preußens besaß eine gewisse Ähnlichkeit mit der aristokratischen, Plantagen besitzenden und Sklaven haltenden Klasse des Südens. Unter den Konservativen empfand man auch keinen großen Abscheu gegen die Sklaverei, die sogar von Otto von Gerlach als eine göttliche Einrichtung betrachtet wurde.[141] Ähnlich der Politik der Neuen Preußischen Zeitung war die der Norddeutschen Allgemeinen Zeitung. Ihre Artikel waren immer kritisch dem Norden gegenüber, und beinahe bis zum Ende des Krieges predigte sie die Unmöglichkeit der Überwindung der Rebellion. Da dieses Organ gelegentlich auch von Bismarck benutzt wurde, so wurde seine scharfe Kritik über den Norden sehr unangenehm empfunden; doch ist es sehr fraglich und jedenfalls unbewiesen, daß Bismarck an ihren amerikanischen Kriegsberichten irgendeinen Anteil hatte oder einen Einfluß darauf ausübte. Kreismann, der amerikanische chargé d'affaires in Berlin, war im Jahre 1864 über einige Angriffe dieser Zeitung

---

[141] Reichenbach, Die Krisis in Nordamerika, S. 26—28.

so entrüstet und so fest in seinem Glauben, daß sie inspiriert
seien, daß er seine Regierung um Instruktionen bat; allein
Seward lehnte den geplanten Protest ab.[142] Viel vorsichtiger
als die Norddeutsche Allgemeine Zeitung war die ministerielle
Sternzeitung in ihrer Politik.

Die liberale Vossische Zeitung zeichnete sich durch Sen-
sationen aus. Ihre Berichte über die südlichen Sympathien
Preußens setzten die Regierung mehrmals in Verlegenheit. Im
Juli 1864 veröffentlichte sie einen Artikel über den Empfang
von südlichen Offizieren im preußischen Lager während des
dänischen Feldzuges. Der amerikanische Geschäftsträger richtete infolgedessen eine Anfrage an das Auswärtige Amt, was
ein Ableugnen der Nachricht von amtlicher Seite verursachte.
Die Politik der Berliner Allgemeinen Zeitung, die während des
Krieges eingehende Berichte über die verschiedenen Feldzüge
veröffentlichte, war ebenfalls etwas unionsfreundlich.[143]

Im Gegensatz zu den großen Berliner Zeitungen vertrat
die Kölnische Zeitung mit großer Entschiedenheit die Sache
des Nordens. Der große Leserkreis dieser Zeitung und ihre
vortrefflichen Nachrichten machten ihren Einfluß auf die öffentliche Meinung sehr groß. Auch die liberale Weserzeitung, die
in Bremen erschien, veröffentlichte ausgezeichnete amerikanische Kriegsartikel. Ihre Berichte über den Bürgerkrieg galten
sogar als die besten, die in deutschen Zeitungen veröffentlicht
wurden.[144]

In Süddeutschland verfolgte die Neue Frankfurter Zeitung
und die Süddeutsche Zeitung eine schwache Politik, erheblich
durch die wirtschaftliche Lage beeinflußt. Das andere große
Blatt Süddeutschlands und wahrscheinlich das größte im Lande,
die Augsburger Allgemeine Zeitung, vertrat aber eine ausgesprochen freundliche Politik der Union gegenüber. Durch

---

[142] Diplomatic Correspondence 1864, S. 221. Depesche Nr. 23 vom
30. Juli 1864 und S. 194, Depesche Nr. 14 vom 20. August 1864.
[143] Ib., S. 220. Vossische Zeitung, 12. Juli 1864, über den Empfang
von südlichen Offizieren während des dänischen Feldzuges. Staatsanzeiger,
21. Juli 1864.
[144] Preußische Jahrbücher, Bd. XII, 1862, S. 89. Blankenburg, Innere
Kämpfe der Union, S. 227.

4*

ihren großen Leserkreis übte sie wahrscheinlich mehr Einfluß auf die öffentliche Meinung als irgendein anderes Blatt.[145]

Die Mainzer Zeitung, das Organ der Ultramontanen, verfolgte während des Krieges eine südenfreundliche Politik. Unter dem Einflusse des Bischofs von Ketteler ergriff sie Partei für die Südstaatler. Auch verteidigte die Mainzer Zeitung, wie die konservativen Parteiorgane, das Institut der Sklaverei. Diese Haltung der deutschen Ultramontanen der Sklaverei gegenüber entsprach allerdings nicht der Politik der Kurie. Im Jahre 1862 belohnte der Papst Cochin mit einem Orden wegen seines preisgekrönten Buches L'Abolition de l'Esclavage und sprach sich für die Abschaffung der Sklaverei aus.[146]

Daneben waren die größeren deutschen Monatsschriften und Zeitschriften bedeutende Faktoren zur Herbeiführung eines innerlicheren Verständnisses des amerikanischen Konflikts. Die Preußischen Jahrbücher und die Deutschen Jahrbücher gaben von Zeit zu Zeit vortreffliche Artikel über die Kriegsoperationen und die allgemeine Lage der Union heraus. Die Grenzboten, die Gartenlaube und andere Zeitschriften schilderten die verschiedenen Phasen des Bürgerkrieges in eingehender Weise. Die Sklaverei und ihre Abschaffung, die ungeheuren Kriegsoperationen und die lobenswerte Teilnahme der Deutschen auf der Seite des Nordens waren Gegenstände, die mehrfache Erörterung fanden.

Auch die großen technischen Fortschritte waren für die militärischen und gebildeten Klassen von größtem Interesse. Die Erfindung von Turmschiffen, die Verwendung von Panzerschiffen in Seeschlachten, der Gebrauch von Torpedos und Unterseebooten und die Einführung der neuen Riesengeschütze erregten überall Aufsehen.[147] „Es ist das Verdienst der Amerikaner", schrieb Scheibert, „zuerst die gepanzerten Schiffe auf das Meer und in den Kampf geführt zu haben."[148] Der Sieg

---

[145] Blankenburg, S. 225.

[146] v. Halle, a. a. O., S. 304.

[147] Scheibert, Sieben Monate in den Rebellionsstaaten. Preußische Jahrbücher, Die neuen Systeme der Kriegsschiffe und ihre Bedeutung für Deutschland, 1862, S. 634—655.

[148] Scheibert, Bürgerkrieg in Nordamerika, S. 121.

des „Monitors", als eine Mahnung an England so genannt, über den „Merrimac" gestaltete die ganze Seekriegführung um. Auch wurde der Gebrauch von gezogenen Schußwaffen in Amerika und besonders bei der Belagerung von Charleston eingehend von deutschen Offizieren studiert. Sander schilderte die neuen amerikanischen Geschütze in seinen „Artilleristischen Aphorismen aus dem gegenwärtigen Amerikanischen Kriege".[149] Das Archiv für die Offiziere der königlichen preußischen Artillerie und Ingenieurkorps[150] veröffentlichte einen Bericht von Hauptmann Munther über die gezogenen Schußwaffen der Amerikaner. Roerdansz und Jacobi erwähnen auch die Wirkung der gezogenen Geschütze bei der Belagerung von Charleston.[151]

III. Deutsche Publizisten und Historiker.

Von großer Bedeutung in der Gestaltung der öffentlichen Meinung über den Sezessionskrieg waren die Werke derjenigen deutschen Publizisten, die sich ausführlicher mit den amerikanischen Verhältnissen beschäftigten. Seit der Gründung der englischen Kolonien war in Deutschland eine Literatur über Amerika entstanden, die von der Zeit von Pastorius an eine große Wirkung auf die Deutschen hatte. Deutschlands Interesse für Amerika besaß von jeher einen vorwiegend romantischen Charakter.[152] Neben den zahllosen Reiseberichten und romantischen Erzählungen erschienen aber eingehende Studien über amerikanische soziale, ökonomische und politische Verhältnisse, wie die Werke von Julius, von Raumer, Handelmann und Robert von Mohl, die einen festen Platz in der deutsch-amerikanischen Literatur gefunden haben.

Der bedeutendste Repräsentant dieser Publizistik, dessen Arbeiten nicht nur für den Tag geschrieben worden sind, sondern bleibenden Wert in der historischen Literatur be-

---

149 Seiten 95, 106, 131.
150 Band 55, S. 153.
151 Roerdansz, Die Wirkung schwerer Geschütze gegen Panzer, S. 41 bis 42. Jacobi, C., Die gezogenen Geschütze der Amerikaner bei der Belagerung von Charleston.
152 Preußische Jahrbücher, 1861, Bd. VIII, S. 1.

haupten, ist der Deutsch-Amerikaner **Friedrich Kapp** (1824 bis 1884), einer der Männer, von denen man wirklich sagen darf, daß sie zwei Völkern angehört haben und beiden zugleich in ausgezeichneter Weise gedient haben.[153] Er war am 13. April 1824 zu Hamm in Westfalen geboren, wurde Jurist, aber seine freiheitlichen und nationalen Ideen trieben den jungen Auskultator zur Teilnahme an der revolutionären Bewegung von 1848. Wegen seiner Teilnahme am Frankfurter Aufstand und an der Pfälzischen Revolution mußte er nach Paris flüchten und wanderte, da ihm die nächste Zukunft Deutschlands nichts zu bieten schien, nach New York aus, erwarb das Bürgerrecht und ließ sich als Advokat nieder.

Als aktives Mitglied der republikanischen Partei und als Gegner der Sklaverei, die er schon 1854 in einer Schrift über „Die Sklavenfrage in den Vereinigten Staaten" bekämpfte, begann er in der großen Lebensfrage der Union auf das Deutschtum auf beiden Seiten des Ozeans einzuwirken. Die größte Wirkung auf die öffentliche Meinung in Deutschland übte seine „Geschichte der Sklaverei in den Vereinigten Staaten von Amerika", die als eine Ergänzung seines früheren Werkes 1861 erschien. Hier schilderte Kapp die Gründung und Entwicklung dieses Systems in den englischen Kolonien, seine stets wachsende Wirkung auf das politische und soziale Leben der Südstaaten und endlich die dadurch erfolgte geistige und wirtschaftliche Trennung der zwei großen Landesteile der amerikanischen Union. In einer unparteiischen Art und Weise stellte Kapp die großen Schwächen der Sklaverei in ihrer sozialen und vor allem wirtschaftlichen Richtung dar. Daß die Kultur und Moral der Gegenwart ein solches System in einem Kulturstaat zum Tode verurteilte, hob er klar hervor und seine Schlußfolgerungen fanden einen Widerhall im ganzen liberalen Deutschland.

Aber Kapp war noch mehr als der vornehmste und sachkundigste Aufklärer der Deutschen über das Wesen der Sklaverei. Mehr und mehr war er in seinen historischen Schriften

---

[153] Über ihn: J. Rodenberg, Friedrich Kapp; G. v. Bunsen, Friedrich Kapp, Volkswirtschaftliche Zeitfragen, 49 (1885).

zu einem geistigen Vermittler zwischen Deutschland und
Amerika geworden. In den Jahren 1858—1871 verfaßte er
eine Reihe von Werken, die sämtlich, man kann sagen mit
einer doppelpoligen Tendenz, für Deutsche und Amerikaner
zugleich geschrieben sind. Schon vor dem Beginn des Sezessionskrieges gab er 1858 das Buch „Leben des amerikanischen Generals F. W. von Steuben" heraus. Es war eine
würdige Darstellung des Organisators der amerikanischen
Armee, ohne dessen Rat Washington selten eine Maßregel
getroffen haben soll; neben den Franzosen Lafayette, und
in militärischer Beziehung noch über ihn, stellte er diesen
Deutschen, der aus der Armee Friedrichs des Großen hervor-
gegangen war. So wollte er mit dem Lebensbilde dieses
Mannes einerseits den Deutsch-Amerikanern beispringen, die
gern von den Anglo-Amerikanern über die Achsel angesehen
wurden. Er sagte in seiner Vorrede: „Die nativistische Bewegung, die vor einigen Jahren mit ungezogenerer Heftigkeit als
früher sich wieder an die Oberfläche des öffentlichen Lebens
drängte, führte mich unwillkürlich zu jenen Fremden, welche
die Unabhängigkeit der Vereinigten Staaten begründen halfen
und durch ihre uneigennützigen Taten den Nachkommen
jener Unabhängiggewordenen einen beschämenden Spiegel vor-
halten." Zugleich aber wollte er mit dem Lebensbilde dieses
stolzen und edlen Deutschen das deutsche Nationalgefühl
stärken: „uns Deutschen fehlt leider, was unsere Vettern in
England und Amerika groß und stark macht: wir haben zu
wenig gesunden nationalen Egoismus und zuviel kosmopoli-
tische Verschwommenheit."

Während des Bürgerkrieges schrieb er dann ein Gegenstück, das „Leben des amerikanischen Generals Johann Kalb",
des andern großen deutschen Helden der amerikanischen Revolution: zu dem adligen Offizier der friderizianischen Armee
gesellte er den fränkischen Bauernsohn, der im französischen
Solddienst sich in einen „Seigneur de Kalb" verwandelt hatte
und nach tüchtigen Leistungen im Felde 1780 bei Camden
in South Carolina fiel. Er widmete sein Buch 1862 einem
Manne, der mit ihm 1849 in der Pfälzischen Revolution in
Reih und Glied gestanden hatte und nunmehr als General in

der Armee der Nordstaaten diente, Franz Sigel, „dem Helden
von Carthage und Pea Ridge", „als dem Ersten und Besten der
achtzigtausend Deutschen, welche hier für die bürgerliche Freiheit gegen die Sklaverei kämpfen". Seine Widmung suchte
damit einen historischen Zusammenhang ans Licht zu stellen:
„Deine beiden Vorgänger, Kalb und Steuben, standen ver-
einzelt da; sie schlugen sich sogar gegen ihre Landsleute.
Du hast fünf Millionen gleichgesinnter Deutscher hinter Dir.
Im ersten Kriege der Vereinigten Staaten für Erringung ihrer
Unabhängigkeit dienten dreißigtausend von ihren Landesvätern
an England verkaufte Deutsche gegen die junge Republik. Jetzt
im zweiten Kriege zur Erhaltung dieser Republik setzen fast
dreimal soviel selbstbewußte deutsche Männer ihr Leben für
sie ein. Wenn je eine nationale Schuld glänzend gesühnt
ward, so geschieht es von unseren tapferen Landsleuten unter
Deiner Führung! Es sind die deutschen Verbannten, welche
den geschändeten Namen der Heimat in Amerika wieder zu
Ehren bringen. Mögen ihre hiesigen teuer erkauften Er-
fahrungen recht bald unserem Vaterlande zugute kommen."
        Noch im letzten Jahre des Bürgerkrieges schrieb er dann
ein Buch über jene schmähliche Episode deutscher und amerikanischer Geschichte, die nunmehr von den deutschen Mit-
kämpfern des Krieges ehrenvoll überwunden war: „Der Sol-
datenhandel deutscher Fürsten nach Amerika" (1864). In
diesem Werke, bei dem er durch George Bancroft mit Material
unterstützt wurde, stellte er den schmählichen Verkauf deutscher
Truppen an England zur Verwendung gegen die nordamerikanischen Kolonien dar. Doch wies er auf die Verachtung
Friedrichs des Großen für einen solchen Handel und sein Ver-
bot des Durchmarsches solcher Söldner durch seine Länder hin.
Wenn Hessen einmal gegen die amerikanische Union gekämpft
hatte, so sah nun aber das deutsche Volk, wie deutsche Brigaden zur Rettung dieser Union ins Feld zogen.[154] Dieses
Buch war noch mehr als die übrigen für Deutschland ge-

---

[154] Unglaublich ist es beinahe, daß englische Publizisten und Zeitungen
die Deutschen, die für die Union kämpften, als Söldner bezeichneten. Chronik
der Gegenwart, 1864, Heft VI, S. 279,

schrieben, ein Kampfbuch gegen die deutsche Kleinstaaterei, die damals in den letzten Kampf mit dem Einheitsdrange der Nation eintrat. So sagt Kapp von seiner Darstellung: „Sie setzt sich die zeitgemäße Aufgabe, schonungslos die Schmach aufzudecken, welche die Kleinstaaterei auf unser Volk gehäuft hat, an den Auswüchsen des Systems dessen Verderblichkeit für Deutschland nachzuweisen und die Nation dadurch anzuspornen, daß sie sich um jeden Preis aus diesem Labyrinth fort und fort wuchernder Erniedrigung befreie." Kapp sollte es noch beschieden sein, den beiden Völkern, an denen sein Herz hing, auch eine glänzendere Kehrseite zu dieser trüben Erinnerung zu schildern in dem Buche „Friedrich der Große und die Vereinigten Staaten von Nordamerika" (1871), das im ersten Jahre der Wiederherstellung des neuen Reiches erschien.

Mit Recht sagt Kapp, der im Jahre 1866 Regierungskommissar zum Schutze der Einwanderung in New York geworden war, in einem groß angelegten, aber leider unvollendeten Werke „Geschichte der deutschen Einwanderung in Amerika", Band I (1868), von sich selber: „Ich nehme durch meinen augenblicklichen Aufenthalt in den Vereinigten Staaten eine gewisse glückliche Doppelstellung ein. Als dem Geschichtsschreiber der amerikanischen Deutschen wird mir die lohnende Aufgabe, durch die Erzählung der Geschichte ihrer Vorgänger in meinen hier ansässigen Landsleuten den berechtigten Stolz des freien Bürgers zu heben ... für die Heimat dagegen liefert meine Arbeit einen fast unbekannten, noch lange nicht genug gewürdigten Beitrag zur Krankheitsgeschichte unseres Volkstums während der vorausgegangenen Jahrhunderte, und deckt als Hauptquelle, aus welcher die Massenauswanderung ihre Kräfte schöpfte, die jammervolle Zerrissenheit und Ohnmacht unseres staatlichen Lebens auf." Wenn man diesen in allen seinen Schriften wiederklingenden Unterton in der Stimmung dieses Deutsch-Amerikaners vernimmt, so begreift man, daß er nach der Gründung des neuen Deutschen Reiches in die alte Heimat zurückkehrte. Er nahm seinen Wohnsitz in Berlin, beteiligte sich am politischen Leben und wurde in den deutschen Reichstag gewählt. Bismarck, der in freundschaftlicher Beziehung zu Kapp stand, bezeichnete ihn als einen Liberalen

von 1848, der sich in den neuen Verhältnissen sehr wohl
fühle.[155] Aber wie seine Schriften „Aus und über Amerika"
(1876) und über „Die Deutschen im Staate New York" (1884)
beweisen, blieb er auch in der alten Heimat dem Lande treu,
dem er durch zwei Jahrzehnte, und zumal in seiner gefähr-
lichsten Krisis, als einer der tatkräftigsten Helfer einer
historisch-politischen Publizistik höheren Stils gedient hatte.

Neben den historischen Arbeiten von Kapp ist sogar noch
ein die ganze amerikanische Geschichte umfassendes Werk
unter dem belebenden Antrieb der Erregung des Bürgerkrieges in Deutschland geschrieben worden: Karl Friedrich
Neumanns (1793—1870) dreibändige „Geschichte der Vereinigten Staaten von Amerika" (Berlin 1863—1866). Der schon
siebzigjährige Orientalist, dessen historische Arbeiten meist
dem Gebiete der ostasiatischen, armenischen und russischen Geschichte angehörten, fand in dieser Beschäftigung nach seinen
eigenen Worten „die edelsten Genüsse, welche ich jemals
während meines langen und vielbewegten Lebens empfunden".
Er brachte für seine Aufgabe die Vertrautheit mit weltge-
schichtlichen Zusammenhängen und ausgedehnte Studien mit,
vor allem aber eine fast leidenschaftliche Parteinahme für die
Republik und für die Sache des Nordens. Kaum jemals hat
das amerikanische Volk und der amerikanische Staat einen
begeisterteren Verehrer gefunden; selbst in den Zeiten, wo die
Aussichten für einen Sieg des Nordens sehr ungünstig standen,
gab er die Hoffnung nicht auf, sondern urteilte zuversichtlich:
„Die republikanischen Einrichtungen sind niemals in solcher
Pracht und Herrlichkeit erschienen als während der einzig in
der Weltgeschichte dastehenden unmenschlichen Rebellion".
Und niemals ist über die Sklavenhalterstaaten des Südens,
ihre Männer und ihre Politik, voran den „Verbrecher" Calhoun,
ein schärferes, ja man darf wohl sagen leidenschaftlich un-
gerechteres Urteil ausgesprochen worden als von Neumann.

Ihn beseelte eine brennende, an dem Haß gegen die europäischen „Despoten" genährte Liebe zur republikanischen
Staatsform, und sein ganzes Herz hing daran, daß die repu-

---

[155] Schurz, Lebenserinnerungen, II, 501.

blikanische Idee sich auch in dieser furchtbaren Krisis sieg-
reich behaupte. Darum verfolgte sein Geschichtswerk bewußt
den Zweck, die südstaatliche Parteiauffassung in der öffentlichen Meinung Europas zu bekämpfen. Mit Entrüstung sprach
er „von den Reuterschen Telegrammen . . ., von dem Ge-
triebe der Londoner Times und einiger ultramontanen, pie-
tistischen und feudalen Blätter in unserem Vaterlande, welche
würdig sind, was augenscheinlich auch ihr Wunsch, in Sklavenstaaten zu erscheinen. Selbst unsere liberale Presse begeht
wenigstens eine Unterlassungssünde, indem sie gewöhnlich
den mißgünstigen englischen Darstellungen folgt und nicht un-
mittelbar aus den so leicht zugänglichen amerikanischen
Quellen schöpft" (Bd. I, S. 9). Wenn auch Neumanns Werk
häufig infolge dieser Parteinahme an wahrhafter historischer
Objektivität zu wünschen übrig läßt, so ist es doch ein Denkmal für die Treue der Gesinnung, die unter den liberalen
Deutschen der amerikanischen Republik bewahrt blieb.[156]

Neumann war bei der Sammlung seines Materiales unterstützt worden durch die ihm befreundeten Mitglieder der amerikanischen Gesandtschaft in Berlin, Mr. Judd und Dr. Kreismann. Der Vermittlung Mr. Judds verdankte er es, daß er
den zweiten Band seines Werkes dem Präsidenten Lincoln
widmen durfte, der die Widmung in einem Dankschreiben
annahm. Die Widmungsvorrede war datiert vom 3. April 1865,
„am Tage des Einzuges des deutsch-amerikanischen Generals
Weitzel in die Rebellenhauptstadt Richmond" — wenige Tage
vor der Ermordung des Präsidenten. Den dritten Band widmete er „den Bürgern der Vereinigten Staaten". Neumann

[156] H. v. Holst, Verfassung und Demokratie der Vereinigten Staaten
von Amerika I, 208f., wirft Neumann vor, daß er kaum die alleroberfläch-
lichste Kenntnis des amerikanischen Verfassungsrechts habe. Aber er gibt
doch zu, daß das Buch seine Verdienste habe. „Namentlich hat es das
eine Verdienst gehabt, in den dunkelsten Stunden der Republik mit einem
wenn auch oft kritiklosen, so doch stets aufrichtigen Enthusiasmus ihre
guten und gesunden Seiten zu preisen und aus tiefster Überzeugung zu
predigen, daß ganz unzweifelhaft der auf freier Arbeit und auf freiheitlichen politischen Institutionen gegründete Norden den Sieg über den auf
dem Privilegium in seiner unsittlichsten und kulturfeindlichsten Gestalt
gegründeten Süden davontragen müsse."

ging nach Vollendung seines Buches mit der Absicht um,
auch die Administration Lincolns und den Bürgerkrieg in einem
besonderen zweibändigen Werke zu behandeln, das den Titel
tragen sollte „Der Bürgerkrieg in Nordamerika in seinen welt-
historischen Folgen" (Bd. II, S. 7, Bd. III, S. 8); er war bereits mit dem Sammeln des Stoffes beschäftigt, ja, er gedachte
trotz seines hohen Alters es in Amerika selbst zu vervoll-
ständigen, doch ist er anscheinend durch seinen Tod im Jahre
1870 der Verwirklichung dieser Absicht entrissen worden.

Wie Kapp und Neumann für den Norden Partei nahmen,
so auch die meisten deutschen Publizisten; wenn es auch
nicht an Männern fehlte, wie Graf Bogdan von Reichenbach,
die den Süden und seine Prinzipien verteidigten, so standen
die meisten entschlossen auf der Seite des Nordens, wie
Abeken, Helfer, Huber und Griesinger, welche die Sklavenfrage behandelten, oder wie Stiger, Solger und Sander, welche
über die allgemeine Lage der Union schrieben. Zu den
hitzigsten Parteigängern des Nordens gehörte auch der ehemalige badische Revolutionär Gustav Struve, der seit dem
Herbst 1863 unter dem Titel „Diesseits und Jenseits des
Ozeans" in Coburg „zwanglose Hefte zur Vermittlung der Beziehungen zwischen Deutschland und Amerika" herausgab[157],
deren eigentlicher Zweck weniger in der Besprechung der
amerikanischen Zustände selbst lag, als in dem Versuche, die
deutschen Zustände an dem Vorbilde der amerikanischen Republik zu messen und vom Standpunkte des radikalen Repu-
blikaners vernichtend zu kritisieren.

IV. Die Negerfrage und die Kriegsursachen in der öffentlichen Meinung Deutschlands.

Schon beim Beginn des Krieges wurde derselbe in Deutschland bezeichnet als ein Versuch des verbündeten Romanen-
und Sklaventums, das zwieträchtige Germanentum zu über-
fallen.[158] „Fährt der Süden fort", urteilten die „Preußischen

---

[157] Im Januar 1865 waren vier Hefte erschienen, die den „ersten
Jahrgang" bildeten.

[158] Augsburger Allgemeine Zeitung, 11. Mai 1861. Der sonderbare Irr-

Jahrbücher", „der Stimme der Mäßigung jedes Gehör zu ver-
weigern und soll das Land der Zerrüttung eines langjährigen
Bürgerkrieges preisgegeben werden, dann scheint es der Natur
der Menschen und der Dinge zu entsprechen, daß hier über
die Zukunft der Sklaverei ein endgültiges Gericht gehalten
würde."[159] „Dem Süden", schrieb ein anderer Publizist,
„diente die Konstitution nur zum Vorwande der Sezession;
er wußte von Anfang an gut genug, daß er für seine Sklaven
kämpfte, die er allerdings unnötigerweise für den einzigen
Hebel seiner Prosperität hält, während sie in Wirklichkeit die
einzigen Ursachen seines Elendes sind."[160]

Klar in seiner Auffassung dieser Ursache des Sezessionskrieges, war das deutsche Volk über die Frage der Sklaverei beinahe einer Meinung. Sein Interesse haftete sehr an dem humani-
tären Moment. „Auf einen nordamerikanischen Abolitionisten
kamen mindestens zehn Deutsche."[161] Das ganze liberale
Deutschland sprach seinen Abscheu gegen das System aus.

Die gelehrte Welt war längst mit der amerikanischen
Sklavenfrage bekannt. In der ersten Hälfte des 19. Jahrhunderts erschien in Deutschland eine ziemlich große Literatur
über dieses Thema. Die Sklaverei wurde sogar in Romanen
behandelt.[162] Das Übel des Systems vom sozialen Standpunkt
aus wurde allgemein anerkannt. Auch hatten deutsche Gelehrten die Schwäche der Sklaverei vom rein wirtschaftlichen
Standpunkt bloßgestellt.[163] Die großen Werke von Grund, Julius,
von Raumer und Handelmann, obgleich unparteiisch und
wissenschaftlich geschrieben, hatten das Institut der Sklaverei
unbedingt verurteilt.[164] Die Befreiung der Sklaven wurde als ein

---

tum, daß der Süden mehr romanisch als germanisch war, wurde während
des Krieges oft behauptet. Selbst ein Werk wie Perthes Geschichts-Atlas,
S. 66, macht noch diese Fehler.

[159] Preußische Jahrbücher, 1861, Bd. VII, S. 566.
[160] Die Grenzboten, 1861, Bd. IV, S. 81.
[161] Blankenburg, Die inneren Kämpfe der Union, S. 224.
[162] Sealsfeld, Süden und Norden.
[163] Huber, Soziale Fragen, Bd. II, und Helper, Staatsökonomie.
[164] Grund, Die Amerikaner. Julius, Nordamerikas sittliche Zustände.
v. Raumer, Die Vereinigten Staaten von Nordamerika.

nötiger Schritt in der Zukunft vorausgesetzt. Schon im Jahre
1847 schrieb der Publizist Hermann Abeken: „Die Emanzipation
der Sklaven steht, wenn auch nicht in nächstliegender Weise,
doch in nicht zu ferner Zukunft gewiß von den Vereinigten,
Staaten zu erwarten."[165]

Man wußte auch in Deutschland, daß ein großer Teil des
amerikanischen Volkes in eigener Überzeugung das Übel erkannte. „Uncle Tom's Cabin"[165a] und „Among the Pines" waren
in deutscher Sprache gedruckt und allgemein bekannt.. Auch
das ausschließlich abfällige Urteil der eingewanderten Deutsch-
Amerikaner war vom größten Einfluß auf die öffentliche
Meinung Deutschlands.[166]

Karl Schurz, der als amerikanischer Gesandter in Spanien
die europäische Lage gut studieren konnte, erkannte bald, daß,
um die Sympathien der Völker Westeuropas für den Norden
zu gewinnen, die Washingtoner Regierung ausgesprochen
gegen die Sklaverei hervortreten mußte. Schon im Februar
1862 empfahl er daher seiner Regierung die Emanzipation der
Sklaven.[167] Für diese Politik machte er mit den Abolitionisten
in Washington gemeinsame Sache. Allmählich verwandelte
sich der Krieg von einem gegen die rebellischen Sklavenhalter
in einen Krieg gegen die Sklaverei. Als die Abschaffung der
Sklaverei mehr und mehr auf die Tagesordnung kam, nahm
der Einfluß der Deutschen in Amerika und die Sympathie des
Mutterlandes noch mehr zu.[168] Im Herbst 1862 machte in
Deutschland die für das neue Jahr geplante Proklamation zur
Befreiung der Sklaven den größten Eindruck.[169] Seitdem durch
den Erlaß der Proklamation am 1. Januar 1863 die Streitfrage
der Sklaverei gegen die Südstaaten auf das Schärfste hervor-

---

[165] Abeken, Amerikanische Negersklaverei und Emanzipation.

[165a] Vgl. die Heidelberger Doktordissertation von Grace Edith Maclean,
Uncle Tom's Cabin in Germany (Publications of the University of Pennsyl-
vania, New York 1910).

[166] Gloß, Das Leben in den Vereinigten Staaten, Bd. II, Die Sklavenfrage, S. 344—374.

[167] Deutsche Jahrbücher, Bd. IV, 1862, S. 309.

[168] Sander, Geschichte des vierjährigen Bürgerkrieges, S. 8. Augsburger Allgemeine Zeitung, 7. April 1862.

[169] Augsburger Allgemeine Zeitung, 6. Oktober 1862.

gehoben war, äußerte die deutsche liberale Presse ohne Aus-
nahme ihre Sympathie für die Abschaffung.

Zwar gab es deutsche Publizisten, die die Sklaverei als
den hauptsächlichen Streitpunkt anerkannten, aber sich trotzdem zu diesem System bekannten. Besonders wurden diejenigen der christlichen konservativen Partei dem Süden und
der Sklaverei aus richtigem konservativen Instinkt freundlich
gesinnt. Die Plantagen der südlichen Sklavenhalter hatten
mit dem befestigten Grundbesitz der deutschen Konservativen
viele Ähnlichkeit.[170] In der Sklaverei erblickten viele dieser
Konservativen eine Institution, die Gott selbst geschaffen hatte
und die auf göttlichem Rechte beruhte. Man erinnerte an die
Anerkennung der Sklaverei durch Paulus. Auch war es schwer,
Schlechtes in einem System zu finden, das Luther als einen
von Gott berufenen Stand bezeichnete. Hatte Montesquieu
nicht gesagt, daß die Neger keine Menschen wären![171] „Ham
ist zum Knecht bestimmt", schrieb der Graf von Reichenbach,
„das lehrt die heilige wie die profane Geschichte, die Natur
wie die Offenbarung."[172] Trotz dieser Minorität erkannten die
führenden Geister Deutschlands, daß die Sklaverei der Kultur
im Wege stand und fallen mußte.

Nächst der Institution der afrikanischen Sklaverei mit
ihren politischen und ökonomischen Folgen, betrachtete das
deutsche Volk die sozialen Unterschiede zwischen dem Norden
und Süden als die große Ursache des Sezessionskrieges. Dieser
Gesichtspunkt wurde ebenso von den großen Kreisen der Liberalen wie von den Konservativen geteilt. Aus der zeitge-
nössischen Literatur über den Bürgerkrieg scheint es, daß die
Deutschen bewußt oder unbewußt die Theorie von Karl Marx
angenommen hatten, nämlich, daß die Geschichte jeder Gesell-

---

[170] Graf von Reichenbach, Die Krisis in den Vereinigten Staaten,
S. 7, 15, 25, 26—27, 37.

[171] Montesquieu, De l'esprit de Lois, Livre XV, Chapitre V: „Il
est impossible que nous, supposions que ces gens-là soient des hommes,
parce que si nous les supposions des hommes on commencerait à croire
que nous ne sommes pas nous-mêmes chrétiens."

[172] Graf von Reichenbach, Die Krisis in den Vereinigten Staaten,
S. 7, 15, 25, 26—27, 37.

schaft die Geschichte des Konflikts von Klassen gewesen ist.
Überall schrieb man von dem großen Kampfe in Amerika
zwischen Aristokratie und Demokratie.[173] Deswegen wandten
viele deutsche Konservativen ihre Sympathien den südlichen
Plantagenbesitzern als Mitgliedern ihrer eigenen Klasse zu,
während die Liberalen und Radikalen versuchten, die Sache
der nördlichen Demokratie mit ihrer eigenen zu identifizieren.
E. M. Hudson, der bekannteste südliche Publizist in
Deutschland, hob in seinen Schriften den großen sozialen
Unterschied zwischen den aristokratischen Kavalieren des
Südens und den demokratischen Puritanern des Nordens klar
hervor.[174] Durch ganz Europa wurde der Glaube an den großen
sozialen Gegensatz zwischen den freien Staaten und den
Sklavenstaaten von konföderierten Agenten verbreitet, was
nicht ohne Wirkung auf die herrschenden Klassen Deutschlands war.[175] Der deutsche Adel vermutete bald in den großen
Plantagenbesitzern des Südens seine Standesgenossen. Eine
Parallele zwischen den beiden Klassen war allerdings nicht
schwer zu ziehen. Im Süden war der ganze wertvolle Grundbesitz und aller Reichtum in den Händen einer kleinen er-
heblichen Aristokratie konzentriert, die zum großen Teil aus
dem englischen Landadel stammte. Diese Aristokratie besaß
politische Traditionen, Disziplin und Konsequenz und beherrschte absolut das politische, soziale und wirtschaftliche
Leben des Südens.[176] Der große Plantagenbesitzer war von
einem Adelstolz ähnlich dem des höheren Adels Europas erfüllt.[177] „Den Grafen- oder Freiherrntitel setzte er seinem
Namen allerdings nicht vor", schrieb Griesinger im Jahre 1862,
„dagegen betrachtet er sich als den «exklusiven Gentleman»
und prätendiert, daß jeder, der nicht imstande ist, einen großen
Grundbesitz zu eignen und denselben durch die Hände seiner
Leibeigenen bearbeiten zu lassen, lediglich kein Recht habe,

---

[173] Augsburger Allgemeine Zeitung, 4. Juni u. 20. Oktober 1861.
[174] Hudson, Der zweite Unabhängigkeitskrieg in Amerika.
[175] Messages and Papers of the Confederacy, Bd. II, S. 521.
[176] Preußische Jahrbücher, Bd. VIII, III, 603—605.
[177] Deutsche Jahrbücher, 1861, S. 175.

sich in Beziehung auf den Rang mit ihm zu messen."[178] Zwar
erkannte auch der Südstaatler die Staatsform der Republik an,
und in der Tat waren die Regierungen der Südstaaten quasi volks-
tümlich. Diese republikanische Regierung war aber, wie von
deutscher Seite gezeigt wurde, in Wirklichkeit eine Oligarchie.[179]
Dagegen erkannten die deutschen Konservativen sowohl
wie die Liberalen, daß der Norden das große Beispiel einer
wahren Demokratie bot. Die Vereinigten Staaten von Amerika
hatten so lange in Deutschland als das Ideal einer großen und
glücklichen demokratischen Macht gegolten, daß ihre demokratische Natur als selbstverständlich erschien. Daß eine Geld-
aristokratie im Norden existierte, hatten deutsche Publizisten
allerdings bewiesen, doch wurden die „Yankees" im allgemeinen als ein durchaus demokratisches Volk betrachtet.[180]
Da die Auffassung des amerikanischen Sezessionskrieges
als ein Kampf zwischen dem demokratischen Norden und dem
aristokratischen Süden in Deutschland vorherrschend war, ist
es begreiflich, daß der konservative Adel seine Sympathien
mehr dem Süden als dem Norden zuwandte. Karl Schurz, der
am spanischen Hofe vieles über die wahre Stellungnahme
der preußischen Konservativen von dem Grafen von Galen,
dem preußischen Gesandten, erfuhr, faßte die Lage als die
folgende auf: „Ein großer Teil des preußischen Adels sowie
viele der Armeeoffiziere sympathisierten instinktiv mit der
aufständigen südlichen Konföderation. Die Demokratie war
ihnen verhaßt, und sie mußten wünschen, daß die Republik
der Vereinigten Staaten als stärkstes und angehendes Beispiel einer Demokratie unterliegen würde."[181]
Die überwiegende Mehrheit des deutschen Volkes wandte
dagegen ihre Sympathien dem großen demokratischen Ideal,
der Union zu. Von dem großen Klassenkampf jenseits des
Ozeans hoffte sie nur, daß die Demokratie des Nordens sieg-
reich hervorgehen würde. Sogar die konföderierten Agenten

---

[178] Griesinger, Freiheit und Sklaverei, S. 71.
[179] Die Grenzboten, 1862, I, S. 121.
[180] Kapp, Die Sklavenfrage, S. 61. Griesinger, Freiheit und Sklaverei,
S. 99. Donai, A., Land und Leute in der Union.
[181] Carl Schurz, Lebenserinnerungen, Bd. II, S. 205/06.

in Europa gaben in ihren Privatberichten an den Staatssekretär
der Konföderation zu, daß, ungeachtet der Sympathien der
herrschenden Klasse für den Süden, die unteren Klassen und
eine große Majorität der Mittelklassen warme Parteigänger des
Nordens waren.[182]

Obgleich in Deutschland diese Auffassung des amerikanischen Krieges als eines Klassenkampfes vorherrschend war,
darf sie doch als irreführend bezeichnet werden.[183] Eine genaue
Betrachtung des Nordens und Südens zur Zeit des Sezessionskrieges verrät weder eine reine Demokratie noch eine Aristokratie. v. Halle sagt in seinem berühmten Werk „Baumwollproduktion und Pflanzungswirtschaft" über die großen Plantagenbesitzer: „Numerisch haben sie einen gerade so geringen
Prozentsatz ausgemacht wie die hohe Aristokratie irgendeines
Landes in der breiteren Klasse des Adels, Ritter- und Junker-
tums."[184] Auch war die Lage des Durchschnittspflanzers kaum
mit der des Durchschnittsjunkers zu vergleichen. In den
neueren Staaten des Südwestens gab es eine Klasse von Plantagenbesitzern, die mit ganz anderen als aristokratischen
Idealen erfüllt waren.

Zwar besaß der Norden keine herrschende aristokratische
Klasse wie der Süden. Die wirkliche demokratische Regierung
der Nordstaaten, die Existenz einer großen und selbstbewußten
Mittelklasse, und die fortwährende Einwanderung von radikalen und liberalen Elementen aus Europa machten die Bildung
solch einer Klasse im Norden fast unmöglich. Allein es wäre
unrichtig zu behaupten, daß gar keine aristokratische Klassen-
bildung im Norden existierte.[185] Besonders in den Neu-England-
staaten gab es eine obere Klasse mit starken sozialen und
religiösen Überlieferungen. Auch unter den Föderalisten und

---

[182] Messages and Papers of the Confederacy, Bd. II, S. 521.

[183] Darmstaedter, Geschichte der V. S. von Amerika, S. 161—162.

[184] v. Halle, Baumwollproduktion und Pflanzungswirtschaft in den nordamerikanischen Südstaaten, S. 228. Vgl. Freiherr von Freytag-Loringhoven,
Studien über Kriegsführung, S. 2, der die Zahl der Plantagenbesitzer als
zu groß für eine Aristokratie schätzt.

[185] Motley, Briefwechsel, Bd. II, S. 125.

in gewissen Phasen der „Know Nothing"-Bewegung waren
aristokratische Tendenzen vorherrschend.[186]

V. Die Politik der Westmächte in der deutschen öffentlichen Meinung.

In der Einleitung wurde die englische und französische
Politik der Union gegenüber während des Bürgerkrieges dar-
gestellt, eine Politik, die sich von der Politik der übrigen
Großmächte scharf unterschied und nicht mehr als korrekt
bezeichnet werden kann. In der deutschen Kritik dieser west-
mächtlichen Politik ist deutlich zu erkennen, wem das Volk
seine Sympathien während des Bürgerkrieges zuwandte.

Das erste große Ereignis, das die Politik Englands Amerika
gegenüber zeigte, war der Trent-Fall. Die Gefangennahme der
südlichen Kommissäre von dem neutralen englischen Dampfer
Trent durch ein amerikanisches Kriegsschiff wurde von der
öffentlichen Meinung Deutschlands sehr verurteilt. In weiten
politischen Kreisen erschien der Fall als ein klarer Bruch
des geltenden Völkerrechts, und die Lage wurde sehr ernst
aufgefaßt.[187] Auch unter dem Volke hatte man die allgemeine
Meinung, daß Amerika im Unrecht wäre. Graf Bernstorff, der
damalige preußische Minister des Auswärtigen, hatte nicht Unrecht, als er an den preußischen Gesandten in Washington
schrieb, daß der Trent-Fall die öffentliche Meinung in die leb-
hafteste Spannung versetzt hätte.[188] Man fürchtete einen Krieg
zwischen Amerika und England wegen seiner Wirkung auf die
europäische Lage.[189] Die Meinung war sehr verbreitet, daß
Napoleon III. in solch einem Fall die Gelegenheit ergreifen
würde, seine Pläne gegen Deutschland durchzuführen.[190] Der
Trent-Fall wurde natürlich von deutschen Völkerrechtslehrern
ausführlich behandelt.[191] Es wurde allgemein daran festgehalten,
daß die Gesandten einer kriegführenden Partei nicht an Bord

[186] Zerfall der Vereinigten Staaten von Nordamerika.
[187] Augsburger Allgemeine Zeitung, 4. Dezember 1861.
[188] Staatsarchiv, Bd. II, Nummer 203.
[189] Deutsche Jahrbücher, 1862, S. 161.
[190] Preußische Jahrbücher, 1861, Bd. VIII, S. 635—636 u. 645.
[191] Marquardsen, Der Trent-Fall. (Völkerrechtliche Monographien, Bd. I.)

neutraler Schiffe vom Gegner festgenommen werden dürften.
Marquardsen schrieb eine sehr gute Monographie über den
Fall, die den englischen Standpunkt unterstützte.[192]

Kaum war die Diskussion des Trent-Falles in Deutschland
beendigt, als die öffentliche Meinung durch einen neuen
englisch-amerikanischen Zwischenfall lebhaft aufgeregt wurde.
Am 6. November 1862 dampfte das in England gebaute konföderierte Kaperschiff „Alabama" von Liverpool ab und begann, nachdem es in einem westindischen Hafen zum Kriege
ausgerüstet war, seine berühmten Angriffe auf die amerikanische Handelsflotte.

Dieser offenkundige Bruch des geltenden Völkerrechts
wurde allgemein in Deutschland scharf gerügt. Die preußische Regierung hatte sogar in ihrer Warnung aller Untertanen vor einer Verletzung der Handelsverträge mit Amerika
besonders vor einem solchen Falle gewarnt.[193] Ein offizieller
Artikel in dem Preußischen Staatsanzeiger erklärte: „Die Ausrüstung von Kaperschiffen in diesseitigen Häfen ist, wie dem
Handelsstande bekannt, durch die Landesgesetze verboten."[194]
Die Verletzung der englischen Gesetze war in dem „Alabama"-
Fall so klar und die versteckt feindselige Politik des Earl
Russel dadurch so bloßgestellt, daß der Fall nur als ein Vor-
spiel zum Kriege angesehen wurde. Der Erfolg dieser Ala-
bama-Angelegenheit war, wie von amerikanischer Seite er-
wartet, eine erhebliche Verstärkung der deutschen Sympathien
für die Union.

Diese Politik Englands machte auch in Deutschland den
Eindruck, daß eine Intervention Englands und Frankreichs

---

[192] Augsburger Allgemeine Zeitung, 1. Januar 1862.
[193] Staatsarchiv, Jahrgang 1861, Nr. 112, 16. August 1861. Minister
des Handels an die Handelskammern. In diesem Erlaß wurde Artikel XX
des Vertrages vom 11. Juli 1799 zwischen Preußen und Amerika wie
folgt zitiert: „Aucun citoyen ou subject de l'une des deux Parties con-
tractantes n'acceptera pas d'une Puissance avec laquelle l'autre pourrait être en
guerre ni commission ni lettre de marque pour armer en course contre cette
dernière sous peine d'être puni comme pirate. Et ni l'un ni l'autre des deux
Etats, ne louera prêtera ou donnera pas une partie de ses forces navales
ou militaires à l'ennemi de l'autre pour aider à agir offensivement ou
défensivement contre l'Etat qui est en guerre." — [194] Ebendaselbst.

in den amerikanischen Zwistigkeiten nicht unwahrscheinlich wäre. Die wirtschaftlichen Vorteile für die erste und die politischen Vorteile für die zweite Macht, die eine Teilung der Union herbeigeführt haben würde, machten die Interventionspolitik verständlich. Doch die Abänderung der Interventionspläne Napoleons III. durch Rußland und England vom November 1862 zeigte, daß eine Einigung der Mächte über die Frage der Intervention in dem amerikanischen Kriege unmöglich war.[195] Die Möglichkeit eines Waffenstillstandes zwischen dem Norden und dem Süden durch europäische Vermittlung tauchte aber bei jeder Niederlage der Union wieder auf. Dazu behauptete stets ein großer Teil der Presse Englands und Frankreichs, daß der Süden nie erobert werden könnte. Diese Anschauung fand auch in Deutschland in den ersten Jahren des Krieges einen Widerhall, was durchaus begreiflich war.

Man stelle sich die Südstaaten Amerikas vor mit einem Areale von über 30000 Quadratmeilen und mit einer Bevölkerung von fünfzehn Millionen, die unter einer permanenten Regierung stand. Man denke sich den ungeheuren Kriegsschauplatz, zehnfach so groß wie das deutsche Reich, die starken natürlichen Grenzen und die ungeheure Küstenlinie des Südens. Dazu standen große Heere im Felde unter Generalen, deren Ruhm schon bekannt war, und die glänzende Siege gewonnen hatten. Man bedenke alles das und dann, daß dieser Krieg nicht mit ein paar großen Siegen, sondern nur mit der totalen Vernichtung allen Widerstandes im Süden zu beendigen war. Kein Wunder war es, daß in den Monaten vor Gettysburg beinahe die gesamte europäische Presse behauptete, daß die Aufgabe, die der Norden vor sich hatte, auszuführen unmöglich war.

Da ist es begreiflich, daß selbst deutsche liberale Zeitschriften im Jahre 1862 berichteten, die Wiederherstellung der Union wäre unmöglich.[196] Dieser Gedanke fand auch viele Verbreitung. Jeder Sieg des Südens oder jede Äußerung der Friedenspartei des Nordens verstärkte die Meinung über die

---

[195] Staatsarchiv, Bd. III, Nr. 465 u. 466.
[196] Die Grenzboten, 1862, Bd. I, S. 270 und Bd. IV, S. 81.

Unzweckmäßigkeit des Krieges.[197] „Die Ansicht über das
wünschenswerte und wahrscheinliche Ende des Streites, nämlich die selbständige Konstituierung des Südens, ist", berichten die „Preußischen Jahrbücher", „ohne Zweifel in
Europa die vorherrschende."[198] Diese Ansicht verbreitete sich
mehr und mehr im folgenden Jahre. Ein dem Norden so
freundliches Blatt wie die Augsburger Allgemeine Zeitung,
berichtete einen Monat vor der Schlacht von Gettysburg: „Die
endliche Konstituierung des Südens als eigener und selb-
ständiger Staat ist außer Zweifel."[199] „Dieser Krieg wird, wie
angedeutet, in kurzer Zeit und sehr wahrscheinlich noch vor
Ablauf dieses Jahres ein Ende nehmen", berichteten die Grenzboten. „Das Ende aber wird sein, was wir vor einem Jahre
schon voraussagten: „Die Trennung des Südens von dem
Norden."[200]

Noch sicherer waren die Konservativen, die die Wiederherstellung der Union für absolut undenkbar hielten.[201] Die
erfolglosen Feldzüge vom Frühjahr 1863 verstärkten noch
diese Meinung, die zu dieser Zeit ihren Höhepunkt erreichte.
Aber die Einnahme von Vicksburg und der entscheidende Sieg
bei Gettysburg am 2./3. Juli 1863 entfalteten mit einem Schlag
die Riesenkraft des Nordens vor den Augen Europas. Daß die
junge amerikanische Großmacht Kraft und Energie besaß,
nach zwei Jahren der Niederlagen doch zu siegen, war vom
deutschen Standpunkt aus die größte Offenbarung des Krieges.
Dies war der Gedanke, der Bismarck so fesselte.[202] Seitdem
verschwand die Behauptung der Unbesiegbarkeit des Südens
aus der deutschen Publizistik. Allgemein wurde die Beendigung
des Krieges als nicht mehr fern angesehen. Die herrschende
Meinung wurde in dem folgenden Satze zusammengefaßt: „Ent-
weder wird die Union den letzten großen Widerstand der ab-
gefallenen Staaten brechen, und dies ist weitaus der wahr-

---

[197] Preußische Jahrbücher, Bd. X, 1862, S. 468.
[198] Preußische Jahrbücher, Bd. X, 1862, S. 468.
[199] Augsburger Allgemeine Zeitung, 5. Juni 1863.
[200] Die Grenzboten, 1863, Bd. I, S. 497.
[201] Reichenbach, Die Krisis in Amerika, S. 23.
[202] Poschinger, Bismarck und die Diplomaten, S. 400.

scheinlichste Fall, oder sie wird endgültig an ihrer Unterwerfung scheitern."[203]

Diejenige Politik Frankreichs, die während des Bürgerkrieges in Deutschland die größte Erregung hervorrief, war das mexikanische Abenteuer Napoleons III., das im ersten Jahre des amerikanischen Bürgerkrieges einsetzte und bis nach seinem Schlusse, bis zum Jahre 1867 dauerte.

Napoleon hatte, nachdem England und Spanien ihre Truppen aus Mexiko zurückgezogen hatten, von dem Plane einer Eroberung des Landes erfüllt und durch den amerikanischen Bürgerkrieg gedeckt, den Krieg fortgesetzt. Seine abenteuerliche Idee war die Vereinigung der lateinischen Rasse in der neuen Welt unter der Führung Frankreichs. Zuerst schienen alle Ereignisse gut zu verlaufen. Am 10. Juni 1863 wurde die Hauptstadt Mexiko erobert, und ein Jahr später zog der Erzherzog Maximilian von Österreich als Kaiser von Mexiko in der Stadt ein. Keinen besseren Kaiser hätte Napoleon finden können als diesen ritterlichen und abenteuerlichen Prinzen, der Stiergefechte vergötterte und bedauerte, daß die Jnquisition aufgehört habe.[204]

Die Gründung dieses dem Staate Frankreich vasallen Kaiserreichs in Mexiko war aller Wahrscheinlichkeit nach nur wegen des amerikanischen Bürgerkrieges möglich. Napoleon rechnete auf die Trennung der Union, die eine nötige Voraussetzung zu der Durchführung seiner Pläne war, mit Bestimmtheit. In der Union erkannte er den einzigen Gegner seiner mexikanischen Politik.[205] Die Union war die einzige Großmacht, die sich weigerte, das Kaisertum Mexiko anzuerkennen. Wie die anderen europäischen Staaten anerkannte Preußen das Kaisertum Mexiko, und zwar am 20. August 1863.[206]

Obgleich die Erhaltung einer republikanischen Regierung in Mexiko dem deutschen Volke völlig gleichgültig war, erregte doch das Ansehen, das Napoleon durch die Gründung eines mexikanischen Vasallenstaates sich errang, viel Besorgnis. Man

[203] Preußische Jahrbücher, Bd. XII, 1863, S. 480.
[204] Motley, Briefwechsel, Bd. II, S. 79.
[205] Deutsche Jahrbücher, 1862, Bd. IV, S. 411; 1863. S. 506.
[206] Staatsarchiv, 1863, S. 168.

fürchtete sogar diese Machtsteigerung des kaiserlichen Frankreichs und hoffte, daß Amerika nach dem Ende des Bürgerkrieges diesem mexikanischen Abenteuer ein Ende machen
würde.[207] Diese Voraussetzung war durchaus richtig, und in
der Tat zog Napoleon unter der drohenden Haltung Amerikas
1867 seine Truppen zurück. Frankreichs ungeheurer Verlust
an Geld und Prestige in der mexikanischen Politik war nicht
ohne Vorteil für das nach Einigung strebende deutsche Volk.
Im Jahre 1866 war eine Mobilmachung der französischen Armee
unmöglich wegen der Verwirrung, die der mexikanische Feldzug in den Cadres der französischen Armee verursacht hatte.

Am Anfange des Sezessionskrieges gab es eine große Anzahl von amerikanischen Studenten in Deutschland, die die
Universitäten des Landes besuchten. Sie waren fast ohne Aus-
nahme aus den Freistaaten, und die Majorität kehrte im Sommer
1861 nach Amerika zurück, um im Kriege zu kämpfen. Bei
der Feier der amerikanischen Unabhängigkeitserklärung am
4. Juli in Berlin waren kaum hundert Amerikaner anwesend.
Die Begeisterung dieser kleinen Gesellschaft war aber groß.
Der Gesandte Judd sprach in einer längeren Rede über den
Krieg und erklärte sich für die Abschaffung der Sklaverei,
der Erbschaft von England. Dieser Standpunkt Judds am Anfange des Krieges machte einen guten Eindruck im Lande.[208]
Auch bei der Feier des „Thanksgiving Day" (Erntefest) im
November hielten Judd und Wright, der abberufene Gesandte,
Reden; der Toast auf den König wurde von Herrn Bucher
beantwortet.[209]

Im September 1863 tagte der internationale statistische
Kongreß in Berlin. Amerika schickte zum Kongreß als Delegierten Dr. Samuel B. Ruggles, einen hervorragenden Juristen.
Dr. Ruggles kam am 7. September in Berlin an; gerade recht,
um die Anerkennung der Südstaaten durch einen wichtigen
Bericht zu verhindern. Während der Tagung des Kongresses
hielt er eine Rede über die Hilfsquellen der Vereinigten

---

[207] Augsburger Allgemeine Zeitung, 2. November 1862.
[208] Augsburger Allgemeine Zeitung, 10. Juli 1861.
[209] Allgemeine Zeitung, 14. u. 15. Dezember 1861.

Staaten.[210] Im folgenden Jahre schickte Amerika Mr. Wright, früher Gouverneur des Staates Indiana, als Delegierten zur Ausstellung in Hamburg.

VI. Der Tod Lincolns in der deutschen öffentlichen Meinung.

Der Tod von Abraham Lincoln, einige Tage nach der Kapitulation der südlichen Armee unter Lee, bereitete dem vierjährigen Bürgerkriege ein tragisches Ende, das die ganze zivilisierte Welt erschreckte. Die Ermordung des großen Präsidenten rief in allen Staaten allgemeine Sympathie hervor, und kein Land erwies größere Achtungsbezeugungen für Lincoln als Deutschland.

Das Aufsteigen Lincolns von einfachen Verhältnissen zur Führerschaft einer Großmacht wurde in Deutschland mit dem größten Interesse verfolgt. Sein einfacher und anspruchsloser Charakter gewann in den ersten Jahren des Sezessionskrieges die Sympathie der breiten Massen des Volkes. Dagegen erwarb sich seine ungewöhnlich staatsmännische Leitung seines Landes in der großen Krisis seiner Geschichte die Hochachtung der regierenden Klassen Deutschlands.

Der Meuchelmord Lincolns, des Präsidenten der einzigen demokratischen Großmacht, machte in den regierenden Kreisen Deutschlands den tiefsten Eindruck. Unter den deutschen Fürsten waren viele, die den zähen Kampf dieses einfachen Mannes um die Aufrechterhaltung der legitimen Herrschaft der Union bewunderten. Daß er in der Stunde des großen Sieges plötzlich durch Meuchelmord hinweggerafft wurde, erregte ihr Beileid. Zugleich zeigte der Mord Lincolns allen Herrschern, daß selbst das Oberhaupt eines demokratischen Staates vor der Hand des politischen Mörders nicht sicher war.

Kaum waren die Nachrichten über den Tod Lincolns in Berlin bestätigt, als Bismarck in einer Note an Judd die Sympathien der preußischen Regierung ausdrückte. Herr von Thile, der Unterstaatssekretär, wurde mit der Übergabe der Note beauftragt. Vorher hatte Freiherr von Gerolt am 16. April

---

[210] Diplomatic Correspondence, 1863, S. 944.

1865 in einer Note an das amerikanische Auswärtige Amt
das Beileid seiner Regierung ausgedrückt. Allgemein war die
Sympathie, die die offizielle Gesellschaft Berlins zeigte. Die
höchsten Beamten des Königs, das ganze diplomatische Korps
und viele berühmte Männer der gelehrten Welt besuchten die
amerikanische Gesandtschaft, um ihr herzliches Beileid bei
dem Mißgeschick der amerikanischen Nation zu bezeugen.
Auch der Kronprinz befahl seinem Flügeladjutanten, dem amerikanischen Minister sein und der Kronprinzessin Beileid auszudrücken.

Am 28. April hielt Dr. Wilhelm Loewe, der ehemalige
Präsident des Stuttgarter Rumpfparlaments von 1849, der in
den Jahren 1853—1861 als politischer Flüchtling in New York
gelebt hatte, im preußischen Abgeordnetenhause eine Lob-
rede über Lincoln. Zum Schlusse seiner Bemerkungen sagte
er: „Der Mann, meine Herren, der von der Hand eines Mörders
gefallen ist und den ich mit seinem einfachen, ehrlichen Ge-
sicht jetzt zu sehen glaube, der Mann, der, durch den einfachen
Wunsch beseelt, seine Pflicht zu tun, solche große Taten vollendet hat, der Mann, der niemals mehr oder weniger wünschte
als der gewissenhafteste und treueste Diener seines Volkes zu
sein, dieser Mann wird seinen eigenen erhabenen Platz in
den Blättern der Geschichte finden." Eine Sympathieadresse
wurde nachher einstimmig auf den Tisch des Hauses gelegt
und von 259 Abgeordneten unterzeichnet. Am 1. Mai über-
reichte eine Deputation, bestehend aus dem Präsidenten
Grabow, dem ersten Vizepräsidenten von Unruh, dem zweiten
Vizepräsidenten von Bockum-Dolffs und den Herren Loewe,
Virchow, Baron von Vaerst, Stavenhagen, Waldeck, Parrisius,
von Bonin, Bassinge, Schroeder, Ziegert, Duncker, Lent, Baron
von Zedlitz, Riebold, Schneider, Jacoby, Raffauf, von Saucken-
Tarputschen, Siemens, Dahlmann, Krebs und von Bunsen die
Adresse dem amerikanischen Minister in Berlin. Judd dankte
den Abgeordneten im Namen seiner Regierung und erklärte
in seiner Rede, „daß das Volk der Vereinigten Staaten die
Sympathie des deutschen Volkes während der schrecklichen
Rebellion schätzte und daß die deutschen Soldaten, von denen
sogar viele nicht Bürger waren, immer in dauernder Erinnerung

von einem dankbaren Volk gehalten werden würden und daß
das Andenken aller, die diesen Kampf der Freiheit gekämpft hatten, mit dem Lorbeer verflochten sein würde". Die
feierliche Überreichung der Adresse des Abgeordnetenhauses
durch 26 der einflußreichsten Mitglieder war ein würdiges
Zeichen der Sympathie, die Preußen für Amerika hegte. Cha-
rakteristisch für die damaligen Zustände ist die Tatsache, daß
zwei Mitglieder der Deputation Söhne hatten, die in der
Unionsarmee dienten.

Am 4. Mai wurde ein besonderer Gottesdienst zum Andenken an Präsidenten Lincoln in der Dorotheenkirche in
Berlin gehalten. Dr. Tappan von New York und der Hof-
prediger Dr. Krummacher hielten den Gottesdienst. Seine
Majestät der König wurde durch seinen Flügeladjutanten,
Generalmajor von Boyen, vertreten. Graf Bismarck und Unterstaatssekretär von Thile vertraten das Ministerium. Das ganze
diplomatische Korps, eine große Zahl der Mitglieder des Landtages und viele andere berühmte Männer der Hauptstadt
wohnten auch dem Gottesdienste bei.

In den Hansestädten, wo die Beziehungen zu Amerika sehr
eng waren, machte der Tod Lincolns einen tiefen Eindruck. In
Hamburg entschloß sich der Senat, seine Sympathie für die
Vereinigten Staaten in einem Briefe an den Präsidenten auszudrücken. Gemäß dieser Entschließung teilte Dr. Habler,
Präsident des Senats, feierlich dem Präsidenten Johnson mit,
daß Hamburg die größte Sympathie für den großen Verlust
hegte, den die Vereinigten Staaten durch den Tod Lincolns
erlitten hatten. Dieser Erklärung schloß sich die Versamm-
lung der Bürger von Hamburg an. Im Namen des Senats von
Bremen erklärte Dr. D. Meyer, der Präsident, in einem feier-
lichen Schreiben an den Präsidenten der Vereinigten Staaten:
„Die schrecklichen Nachrichten der abscheulichen Tat, die
das Leben und Wirken des Präsidenten Lincoln zu solch einem
plötzlichen Ende brachte, haben Schauder und Entrüstung erregt, wo sie auch hinkamen, aber vielleicht nirgendwo in
einem höheren Grad als in unserer Stadt, deren Bürger seit
der ersten Gründung der Amerikanischen Union mit ihrem
Volke solche freundlichen Beziehungen im Handel und im.

persönlichen Verkehr unterhalten haben und die gegenwärtig
verhältnismäßig zahlreichere Beziehungen mit der großen transatlantischen Republik hat, als irgendein anderer Staat des
europäischen Kontinents." Auch faßte die Bremer Bürger-
schaft eine Sympathie- und Beileidsadresse an die Vereinigten
Staaten ab. Der Senat von Lübeck drückte durch ein Schreiben
des Bürgermeisters, Dr. Brehmer, an den Präsidenten Johnson
seine Sympathie für die Union aus. Dieser Brief wurde von
Herrn A. Schumacher, chargé d'affaires der hanseatischen Republik in Baltimore, der amerikanischen Regierung überreicht.

Von den Mittelstaaten kamen gleichfalls viele offizielle Ausdrücke von Sympathie. Die Regierung von Braunschweig beauftragte besonders ihr Generalkonsulat in New York, die Ge-
fühle der Regierung und aller Klassen des Herzogtumes über
die abscheuliche Ermordung von Lincoln der amerikanischen
Regierung mitzuteilen. Der Herzog von Sachsen-Meiningen
drückte durch seinen Minister von Uttenhoven seine Sympathie
der amerikanischen Regierung aus. Baron von Dalwigk, Minister von Hessen-Darmstadt, befahl dem Generalkonsul von
Hessen in Philadelphia, in würdiger Weise die aufrichtige Sympathie des Großherzogs über die Ermordung von Lincoln dem
Präsidenten Johnson auszusprechen, er ließ dabei den Wunsch
und die Hoffnung ausdrücken, daß „die Union, die das zweite
Vaterland von so vielen Deutschen geworden ist und besonders
von so vielen, die dem Großherzogtum Hessen angehörten,
sich bald unter der Führung des jetzigen Präsidenten an der
Wiederherstellung einer verfassungsmäßigen Autorität über
ihr ganzes Gebiet und mit diesem an der Hoffnung an eine
neue Periode von Frieden und Wohlfahrt erfreuen wird".

In Württemberg machte die Ermordung von Lincoln einen
tiefen Eindruck. „Dieses beklagenswerte Ereignis", schrieb
Varnbüler an Herrn von Bierwirth, Generalkonsul von Württemberg in New York, „hat unter dem Volke von Württemberg
die größte Bestürzung und aufrichtigste Sympathie hervorge-
rufen, und Seine Majestät der König, selbst durch die abscheuliche Tat gerührt, hat mich gleich nach dem Empfang
der Nachricht für sich und im Namen seiner Regierung beauftragt, dem jetzigen Vertreter der Vereinigten Staaten, Konsul

Klauprecht, das herzlichste Beileid bei dem großen Verlust auszudrücken, den die Vereinigten Staaten und die ganze zivilisierte Welt durch seinen Tod erlitten hat." Am 29. April erklärte der Präsident des Landtages, daß die Nachricht über die Ermordung des Präsidenten der nordamerikanischen Republik bestätigt wäre und forderte die Mitglieder der Kammer auf, zum Beweise ihrer Sympathie sich zu erheben.

Dies waren die offiziellen Botschaften, in welchen die verschiedenen deutschen Staaten ihr Beileid ausdrückten. Die Regierungen waren es aber nicht allein. Das ganze deutsche Volk sprach seine aufrichtigste Sympathie für Amerika aus. Die Presse war einstimmig in ihrem Lob über den ermordeten Präsidenten. Die Zeitungen aller deutschen Parteien anerkannten die großen Taten, die dieser Mann des Volkes in der kurzen Zeit seiner Präsidentschaft ausgeführt hatte. Die Einstimmigkeit des Lobes von Herrschern, Parlamenten und Völkern nicht nur der deutschen Staaten, sondern von ganz Europa war in der Tat eine Seltenheit.

Vielleicht kein Herrscher des 19. Jahrhunderts wurde höher von den arbeitenden Klassen der Welt geschätzt als Lincoln. Selbst der Sohn eines Arbeiters und einer, der sich aus diesem Stande aus eigener Kraft emporgearbeitet hatte, wurde Lincoln als der Beschützer der Rechte, der freien Arbeit von den Arbeitern betrachtet. Obgleich Lincoln während des Sezessionskrieges beinahe diktatorische Gewalt ausgeübt hatte, und obgleich er durch die Aufhebung der Habeas-Corpus-Akte und die Einführung von Kriegs-Militärgesetzen in weiten Gebieten der Union die letzten Bürgschaften von verfassungsmäßiger Freiheit aufhob, wurde er doch von den Arbeitern und sogar von den Sozialisten sehr geachtet. Die Arbeiter Deutschlands erkannten in ihm den Führer in einem Kampfe der wirklich freien Arbeit gegen die Sklaverei. Infolgedessen begrüßten sie ihn als den Führer einer Nation, in der die Arbeiter im vollen Besitze aller ihrer politischen Rechte waren. Obgleich Lincoln als Politiker kaum die extremen Prinzipien vertrat, die die deutschen Arbeiter ihm zuschrieben, bleibt doch die Tatsache bestehen, daß sie ihn als einen der größten Führer ihrer Sache ansahen. Deswegen war die

Arbeiterklasse Deutschlands ausschließlich unionsfreundlich.
Nach der Ermordung von Lincoln richtete der Zentralrat
des Internationalen Vereins der Arbeiter eine Sympathieadresse an den Präsidenten Johnson, der auch als ein treuer
Sohn der Arbeit galt. Unter den Unterzeichnern der Adresse
war Karl Marx, Sekretär für Deutschand. Am 4. Mai über-
reichte der Berliner Arbeiterverein eine Adresse an den amerikanischen Gesandten. Diese drückte die Freude aus, mit
welcher die Arbeiter Deutschlands den Sieg der Union aufgenommen hatten und ihren Abscheu über den Meuchelmord
Lincolns. Ähnlich war das Schreiben, das der Berliner Alt-
gesellenverein an den Präsidenten Johnson sendete. Eine
Sympathieresolution wurde auch einstimmig von dem Allge-
gemeinen Deutschen Arbeiterverein in Berlin gefaßt. Ein Aus-
schuß, bestehend aus den Herren Liebknecht, Vogt und Schil-
ling, faßten eine Adresse an den Präsidenten der Vereinigten
Staaten ab. „Als Mitglieder der Arbeiterklasse", erklärten sie,
„brauchen wir Sie nicht von der Aufrichtigkeit unserer Sympathien zu versichern, denn mit Stolz können wir auf die
Tatsache hinweisen, daß, obgleich die Aristokratie der Alten
Welt sich offen auf die Seite der südlichen Sklavenhalter
stellte, und obgleich die Mittelklasse in ihren Meinungen geteilt war, doch die Arbeiter aller Länder von Europa einstimmig
und fest auf der Seite der Union gestanden haben."[212]
Nicht nur die Arbeiter Deutschlands beglückwünschten
den Präsidenten Johnson als Nachfolger Lincolns, sondern
auch die weiten liberalen Kreise. Den Liberalen waren die
glückliche Unterdrückung der amerikanischen Rebellion und
der ruhige Regierungsantritt Johnsons besonders erwünscht. In
der Tat war der Sieg des demokratischen Nordens ein großer
Sieg für den Liberalismus. Der Nationalverein, der im Juni
1865 in Eisenach tagte, beschloß danach eine Glückwunschadresse an den Präsidenten zu richten. Herr von Rochau
wurde beauftragt, die Adresse zu entwerfen, die am 12. Juni
mit geringen redaktionellen Abänderungen gutgeheißen wurde.

---

[212] Die vorhergehenden Dokumente über die Ermordung des Präsidenten
Lincoln wurden in der amerikanischen „Diplomatic Correspondence" 1865
veröffentlicht.

Das Schriftstück wurde von dem Vorsitzenden und dem Geschäftsführer unterzeichnet und dem amerikanischen Generalkonsul in Frankfurt, Herrn Murphy, durch eine aus den Herren Dr. F. Müller, von Rochau und dem Geschäftsführer bestehende Deputation übergeben.

Sofort nach dem Empfang der Glückwunschadresse in Washington beauftragte der Präsident den Staatssekretär der auswärtiger Angelegenheiten sie zu beantworten. Am 7. August sandte Seward demgemäß einen Brief an Herrn von Bennigsen, den Präsidenten des Nationalvereins, der in der Übersetzung lautet:

Staatsdepartement, Washington, 7. August 1865.

Mein Herr! Ihr Glückwunschbrief vom 12. vorigen Monats, an den Präsidenten gerichtet, gemäß den Resolutionen des Deutschen Nationalvereins, ist empfangen worden.

Ich bin vom Präsidenten beauftragt, Ihnen die tiefe Befriedigung auszudrücken, die er von seinem sorgsamen Durchlesen erfahren hat. Die Sympathie der Freunde der Amerikanischen Union in Deutschland ist immer mit Eifer und Lauterkeit offenbart, und es ist zu hoffen, daß die glückliche Wiederkehr von Frieden die herzlichen Beziehungen fördern wird, die zwischen beiden Ländern existieren.

Ich bin, werter Herr, Ihr gehorsamer Diener

William A. Seward.[213]

So kamen aus allen Klassen der deutschen Nation Ausdrücke der Sympathie. Unter den wenigen Völkern, die während des Sezessionskrieges die geistige Größe und die Reinheit des Charakters von Abraham Lincoln erfaßt hatten, war das deutsche Volk. Es ist aber begreiflich bei einem Volke, dessen tiefes inneres Leben und dessen Verehrung für ein Ideal sich von anderer Völkern unterscheidet, daß sogar in der kurzen Periode seines öffentlichen Lebens der Charakter Lincolns in dieser Weise gewürdigt wurde.

---

[213] Oncken, H., Rudolf von Bennigsen, Bd. I, S. 668.

In Lincolns Leben wurde das Wort Hegels verwirklicht, daß das Leben eines Helden nicht glücklich ist. Niemand fühlte mehr die Leidenschaften, Leiden und Mißgeschicke seiner Zeit als Lincoln. Kein Führer hatte, in seinem Versuch seine Ideale zu behaupten, gegen größeren Widerstand gekämpft. Alles das erkannte das deutsche Volk und fällte infolgedessen ein würdiges Urteil über diesen „Mann des Volkes", der drei Millionen seiner Mitmenschen befreit und sein Vaterland unter seiner weisen Führung von einem drohenden Untergange gerettet hatte.

Dritter Teil.

Die wirtschaftlichen Beziehungen zwischen Deutschland und Amerika während des Bürgerkrieges.

Die Handelsbeziehungen zwischen den deutschen Staaten und Amerika waren während des Sezessionskrieges von der größten Bedeutung. Sie gingen zurück auf einen sich stets entwickelnden Handel, der schon in der Zeit Friedrichs des Großen seinen Ursprung hatte. Der Charakter dieses Handels und die Wirkungen des Sezessionskrieges darauf waren wesentliche Faktoren in der Bildung der öffentlichen Meinung Deutschlands über die amerikanischen Verhältnisse jener Periode.

Zu der Zeit des Ausbruchs des Bürgerkrieges unterhielten beide Länder Handelsagenten in ihren gegenseitigen Gebieten. Die Vereinigten Staaten besaßen Konsulate in Hamburg, Bremen, Nürnberg, Frankfurt, Köln, Stettin, Leipzig, Hannover, Oldenburg, Dresden, Stuttgart, Augsburg, München, Karlsruhe, Aachen, Schwerin und Sonneberg. Von den deutschen Staaten besaßen Anhalt-Dessau, Baden, Bayern, Braunschweig, Bremen, Frankfurt, Hamburg, Hannover, das Großherzogtum Hessen, das Kurfürstentum Hessen, Lippe-Detmold, Lübeck, Mecklenburg-Schwerin, Mecklenburg-Strelitz, Nassau, Preußen, Reuß jüngere Linie, Sachsen, Sachsen-Weimar, Sachsen-Altenburg, Sachsen-Coburg und Gotha, Sachsen-Meiningen, Schaumburg-Lippe, Schwarzburg und Württemberg Konsulate in New York und den größeren Handelsplätzen Amerikas.[214] [215]

---

[214] Hofkalender, 1861.

[215] Lamprecht, Zur jüngsten deutschen Vergangenheit, VI[1], S. 126, sagt darüber: „Da genügt nicht mehr die alte diplomatische Vertretung mit ihrem

Lutz.   6

Zwei Tatsachen waren äußerst wichtig für die Handelsbeziehungen zwischen Deutschland und Amerika; erstens, daß
die Handelsbilanz auf der deutschen Seite war, und zweitens,
daß die deutsche Ausfuhr meistens nach den Nordstaaten ging.
In den sechziger Jahren war die amerikanische Industrie kaum
entwickelt, und die amerikanische Ausfuhr bestand infolgedessen nur aus Rohstoffen.[216] Die deutschen Staaten nahmen
nur ein kleines Quantum dieser Rohstoffe auf, dagegen ex-
portierten sie sehr viele fertige Waren nach Amerika.

Die deutsche Auswanderung nach Amerika und der dadurch entstandene Verkehr hatte die deutsche Handelsflotte
erheblich vergrößert. Die Zeit war vorbei, in welcher Friedrich
der Große den amerikanischen Vertretern sagte, daß er keine
Handelsmarine besitze. Im Jahre 1845 wurde die Ocean Steam
Navigation Company, 1847 die Hamburg-Amerika-Linie und
1857 die Norddeutsche Lloyd-Linie gegründet. Beim Ausbruche
des Sezessionskrieges waren diese zwei letzten Gesellschaften
schon von großer Bedeutung. Die Beförderung der deutschen
Auswanderung nach Amerika war damals ein wichtiger Faktor
des Handels zwischen beiden Ländern und wurde beinahe
ausschließlich von diesen zwei Gesellschaften ausgeführt. Im
September 1862 machte der Schnelldampfer „Hansa" des Norddeutschen Lloyd die Fahrt von New York nach Hurst Castle,
England, in 10 Tagen, was damals die schnellste Reise eines
deutschen Schiffes war.

Schon in den fünfziger Jahren war Amerika zu dem Schutz-
zollsystem übergegangen, das mit der Annahme des Morril-
Zolltarifs im Jahre 1860 erheblich befestigt wurde. Adoptiert
gerade am Anfang des Bürgerkrieges, erschwerte dieser Zoll-
tarif die Handelsbeziehungen zu fremden Ländern und besonders zu England. Obgleich die amerikanischen Zölle auf

---

Personal von Botschaftern, Gesandten und Ministerresidenten an den Zen-
tralstellen fremder Länder; da ist jene Unsumme von Konsulaten nötig
und ausgebildet geworden, deren Beamten, in mannigfachen Abstufungen
organisiert, überall wo nur Deutsche auftauchen, gleichsam mit gegenwärtig sein sollen als Vertreter der moralischen Gesamtmacht des Vaterlandes."

[216] Commercial Relations of the United States, 1865, S. 411.

die Ausfuhr der Staaten des Zollvereins erhöht wurden, rief¹
der Morril-Tarif doch keine große Opposition in Deutschland
hervor, teils wegen des Mangels allen politischen Gegensatzes
zwischen beiden Ländern und teils wegen der günstigen Lage
des deutschen Handels mit Amerika.

In der Tat war während der sechziger Jahre die Handelsbilanz entschieden zugunsten Deutschlands. Amerika impor-
tierte fünfmal soviel von den Staaten des Zollvereins wie es
nach Deutschland exportierte.[217] Die Vereinigten Staaten
führten 1861 Waren zum Werte von 8071964 Dollars von
Hamburg, 9694377 Dollars von Bremen und 14797788 Dollars
von dem Zollverein ein. Im folgenden Jahre betrug der Wert
der Einfuhr von Hamburg, Bremen und dem Zollverein respektiv
9827793, 8670814 und 18564377 Dollars.[218]

Zwar nahm die Nachfrage für deutsche Waren nachträg-
lich ab, trotz des großen Bedarfs an Waffen und auswärtigen
Waren.[219] Der deutsche Handel mit Amerika blieb aber im
ganzen fest. Die Berichte der amerikanischen Konsuln in
Deutschland zeigen deutlich, daß sogar in den letzten Jahren
des Bürgerkrieges die Handelsbeziehungen zu Deutschland sehr
beträchtlich waren.[220] Da dieser Handel beinahe ausschließlich mit den Nordstaaten war, blieben die deutschen Aus-
führer, ungeachtet des höheren Zolltarifs, des Krieges und
der Blockade der Südstaaten der Union freundlich gesinnt.

Ganz anders aber lag die Sache für die Einführer des
großen amerikanischen Produkts, der Baumwolle.

Seit Anfang des 19. Jahrhunderts hatten die Südstaaten
der amerikanischen Union ein immer zunehmendes Quantum
von Baumwolle den europäischen Staaten geliefert. Die Erfindung der Entkörnungsmaschine zum Reinigen der Baumwolle und die Entwicklung neuer Gebiete für die Kultur der
Pflanzen hatten die Ausfuhr so vergrößert, daß Europa auf
die Südstaaten für deren Zufuhr angewiesen war. Die Kultur

---

²¹⁷ Diplomatic Correspondence, 1865, Pt. 4, S. 89.
²¹⁸ Hofkalender, 1861, S. 328; 1862, S. 342. Die Ziffern für 1863
bis 1865 fehlen.
²¹⁹ Augsburger Allgemeine Zeitung, 16. Juni 1861; 13. September 1862.
²²⁰ Commercial Relations, 1865, S. 356—435.

der Baumwolle durch die Sklavenwirtschaft beherrschte das wirtschaftliche Leben des Südens. Völlig der Bedeutung der Baumwollernte für Europa bewußt, erklärten südliche Staatsmänner stolz: „Cotton is king". Man war sich auch in Europa über die Lage vollkommen klar. Einige Jahrzehnte vor der großen Krisis schrieb Charles Dickens: „Sollte irgendein Mißgeschick über das Land der Baumwolle hereinbrechen, so würde ein Tausend von den Schiffen unserer Kauffahrteiflotte müßig in den Häfen verrotten, zehntausend Fabriken müßten ihre summenden Webstühle still stellen und zwei Millionen Menschen würden aufs Pflaster gesetzt."[221] Wenn Engländer so über die Bedeutung der Baumwolle dachten, ist es begreiflich, daß die Sezessionisten des Südens in der Unentbehrlichkeit der Baumwolle für Europa eine dauernde Bürgschaft für ihre Unabhängigkeit zu erkennen glaubten.

Im Jahre 1860 betrug der Anteil der Südstaaten an der Versorgung Europas mit Baumwolle 66%.[222] Mit der Blockade der 3549 Meilen langen Küste der Südstaaten wurde im folgenden Jahre diese Zufuhr so gut wie abgeschnitten. Dieses war die Ursache der großen Baumwollnot der sechziger Jahre, die die europäische Industrie so paralysierte.[223] Von den Staaten Europas, die Baumwollwaren verfertigten, waren England, Frankreich und die deutschen Staaten die bedeutendsten. Die deutschen Staaten, ohne Österreich, führten 1840 26 Millionen, 1850 46 Millionen und 1860 140 Millionen Pfund Baumwolle ein. Nach England und Frankreich waren sie somit am schwersten durch die Baumwollnot getroffen.[224]

Im Jahre 1861 betrug die Baumwollernte im Süden 1836 Millionen Pfund, aber es gelang den Südländern nur 308 Millionen Pfund davon auszuführen. Der Preis in Deutschland war 59.5 Pfennig das Pfund und stieg im Laufe des Jahres. Bei der Nachricht des Trent-Falles wurde der Preis in den Hansastädten herabgesetzt, weil die Handelswelt glaubte,

---

[221] Kapp, Die Sklavenfrage, S. 33.
[222] v. Halle, Baumwollproduktion und Pflanzungswirtschaft, S. 175.
[223] Die Grenzboten, 1862, Bd. I, S. 156 u. 246.
[224] v. Halle, Baumwollproduktion und Pflanzungswirtschaft, S. 177 bis 178.

daß England im Kriegsfalle die Blockade der Südstaaten aufheben würde, und infolgedessen billigere Preise erwartete.[225] Mit der Beilegung des Trent-Falls stieg der Preis der Baumwolle wieder auf 1.19 Mark das Pfund. Der Ernst der Baumwollnot machte nun einen tiefen Eindruck auf die deutsche öffentliche Meinung. In den Hansastädten stiegen die Klagen über die Blockade. Im Herbst 1862 kostete die Baumwolle sogar 2.18 Mark das Pfund.[226] Von der südlichen Ernte von 2146 Millionen Pfund erreichten in diesen Jahren nur fünf Millionen Europa.[227] Die Krisis war sehr gespannt. In vielen deutschen Fabrikstädten wurde der Preis der Baumwolle so unerschwinglich, daß viele Fabriken geschlossen werden mußten.[228] In Berlin war die Lage im Januar 1863 sehr ernst. Über 5000 Arbeiter waren ohne Beschäftigung. In anderen Gegenden war es noch schlimmer. Die meisten Baumwollfabriken in Schlesien stellten ihre Arbeit ein. Die Fabriken in Breslau und Peterswaldau wurden geschlossen. Diejenigen Fabriken, die noch arbeiteten, brauchten zwei- bis dreimal soviel Zeit wie gewöhnlich, um das Baumwollgarn zu spinnen.[229]

Besonders prekär war die Lage der Arbeiter in Deutschland und in ganz Europa. Berühmt machten sich die Arbeiter in den Baumwollspinnereien von Manchester, die, ungeachtet ihrer großen Not, Freunde des Nordens und Gegner der Sklavenstaaten blieben. Von Holst nennt diese Haltung der englischen Arbeiter mit Recht „eine der Großtaten der Weltgeschichte".[230] Ebenso lobenswert waren die Arbeiter in den deutschen Baumwollspinnereien. Selbst die deutschen Idealisten waren nicht aufrichtigere Gegner der Sklaverei und Freunde des Nordens als die deutschen Arbeiter.

---

[225] Augsburger Allgemeine Zeitung, 4. Dezember 1861.

[226] Cambridge Modern History, Bd. VII, S. 611.

[227] v. Halle, Baumwollproduktion und Pflanzungswirtschaft, S. 178.

[228] Report of the Commercial Relations of the United States, 1865, S. 364.

[229] Augsburger Allgemeine Zeitung, 8. und 22. Januar 1863.

[230] Darmstaedter, Geschichte der Vereinigten Staaten von Amerika. S. 178.

Wie in England und Frankreich, so wurde auch in Deutschland vieles getan, um die Lage der Arbeiter während der
Krisis zu verbessern. An ein Lob für die Unterstützung, die
die oberen Klassen Englands gaben, knüpften die Deutschen
Jahrbücher die Bemerkung: „Leider wird die deutsche Baum-
wollindustrie bald auch unserem Adel Gelegenheit geben, sich
neben dem englischen auszuzeichnen."[231] Verschiedene Fonds
wurden für arbeitslose Arbeiter gestiftet. Freiherr v. Dier-
gardt gab 10000 Taler zur Unterstützung der Fabrikarbeiter
zu Viersin. In Schlesien wurde der Plan vorgeschlagen, die
Arbeiter mit Chaussee- und Eisenbahnbauten zur Erleichterung
ihrer Lage zu beschäftigen.[232]

Die Baumwollnot verursachte viele Spekulationen und bot
der konföderierten Regierung Mittel, Anleihen in Europa zu
machen. Im Januar 1863 garantierte das Bankgeschäft von
Erlanger für die Südstaaten eine Anleihe von 60000000 Mark
zu einem Kurse von 77. Diese Obligationen wurden zu 8 % ver-
zinst und waren zahlbar in Baumwolle zu 50 Pfennig das Pfund.
Sie wurden günstig in den verschiedenen Handelsplätzen Europas aufgenommen und zu einem Kurse von 90 unterschrieben.[233]

Nächst der Einfuhr von Baumwolle war die Einfuhr von
Tabak bedeutend. Am Anfang des amerikanischen Bürger-
kriegs war Bremen der größte Tabakmarkt in Europa und
führte von den Vereinigten Staaten allein jedes Jahr über
600000 Zentner ein. Trotz des Krieges wurden 1861 noch 604000
Zentner Tabak eingeführt. Im folgenden Jahre sank die Einfuhr auf 302000 Zentner und 1863 wurden nur 290000 Zentner
eingeführt. Im Jahre 1860 waren die amerikanischen Preise
$4^1/_6$ bis $10^1/_2$ Cents, 1861 $5^1/_2$ bis $11^3/_4$ Cents, 1862 $8^1/_2$ bis
$17^3/_8$ Cents und 1863 ungefähr dieselben wie im Jahre 1862.

Trotz der verringerten Einfuhr während des Krieges war
der amerikanische Tabak von der größten Bedeutung für den
Bremer Markt. Als im Jahre 1864 eine Steuer auf rohen Tabak
in der Union vorgeschlagen wurde, bemühte sich die Handels-

[231] Deutsche Jahrbücher, Bd. VI, 1863, S. 171.
[232] Augsburger Allgemeine Zeitung, 8. u. 22. Januar 1863.
[233] Cambridge Modern History, Bd. VII, 611.

kammer von Bremen, Vorstellungen dagegen in Washington
zu machen. Schleiden brauchte auch seinen Einfluß in Washington, um die vorgeschlagene Steuer abzuwenden.[234]

Obgleich der amerikanische Bürgerkrieg die Baumwoll-
industrie Deutschlands fast lahm legte, brachte er doch für das
deutsche Kapital einen großen Verdienst. Vom Anfange des
Krieges an wurde viel deutsches Geld in amerikanischen Obligationen und Staatspapieren angelegt. Frankfurt wurde bald der
Hauptmarkt auf dem Kontinent für amerikanische Obligationen
und das Zentrum einer großen Propaganda für die Union.[235]
„Viele Millionen deutsches Kapital", schreibt Schaff, „wurden
frühzeitig auf das Spiel gesetzt."[236] Obgleich diese Geldanlagen
in amerikanischen Obligationen eine spekulative Natur besaßen, wußten die deutschen Kaufleute doch, daß, selbst wenn
der Süden seine Unabhängigkeit behauptete, der Norden noch
finanziell stark genug bleiben würde. Die deutsche Finanzwelt
blieb in enger Berührung mit dem Norden.[237] Das vortreffliche
Werk von Loehnis: „Die Vereinigten Staaten von Amerika",
das 1863 erschien, stellte die finanzielle Lage der Union klar
dar. Obgleich das Buch unparteiisch und besonders eingehend
geschrieben war, fällte es doch ein günstiges Urteil über die
amerikanischen Finanzen. Das deutsche Vertrauen in die
amerikanischen Finanzen wurde auch durch die Erhaltung
des Staatskredits erheblich gesteigert. Die Aufhebung von
Barzahlungen seitens der Regierung und der Bankgeschäfte
vom 27. Dezember 1861 und die Bestätigung der Papiergeld-
akte als Gesetz am 25. Februar 1862 hatten zur großen Über-
raschung Deutschlands keine schlimmen Folgen.[238] Im Gegen-
teil dauerte es sehr lange, bis das Papiergeld irgendeinen Einfluß auf den Stand der amerikanischen Finanzen zeigte. Allerdings im Laufe des Krieges lockte die Goldprämie viel deutsches
Kapital nach Amerika.[239] Im ganzen hat die Anlage deutschen

[234] Berichte de 1864, Nr. 7.
[235] Schurz, Lebenserinnerungen, Bd. II, S. 503.
[236] Schaff, Der Bürgerkrieg, S. 16.
[237] Von Achten der Letzte, S. 177—178.
[238] Cambridge Modern History, Bd. VII, S. 569.
[239] Loehnis, Die Vereinigten Staaten von Nordamerika, S. 65 u. 68.

Kapitals in nordamerikanischen Anleihen den Deutschen sehr
viel Gewinn gebracht. Kein Geringerer als der deutsche Staatsmann Rudolph von Delbrück sagt darüber: „Die in Deutschland
herrschenden Sympathien für die Nordstaaten, die Geschäfts-
und Familienverbindungen der Deutschen mit den Angehörigen
dieser Staaten und die Lockung eines sechsprozentigen Zins-
fußes veranlaßten unverhältnismäßig große Anlagen deutschen
Kapitals in amerikanischer Anleihe. Die sechsprozentigen
U. S.-Bonds von 1862, im Jahre 1863 in Deutschland eingeführt, standen am Schluß dieses Jahres auf $67^3/_4 \%$, fielen im
folgenden Jahre auf $37^7/_8 \%$ und erreichten erst vom Jahre
1867 an einen Kurs von über 70%. Am 30. Juni 1870 standen
sie $96^1/_8 \%$. Das sehr bedeutende, in den ersten Jahren von
uns angelegte Kapital hatte sich also um 39% bis 140% vermehrt. Dieser Gewinn kam uns in einem entscheidenden
Augenblick auch politisch zugute. Für einen namhaften Teil
der Anleihen, welche wir im Jahre 1870 zur Kriegführung gegen
Frankreich machten, wurde das Geld durch den Verkauf amerikanischer Bonds beschafft."[240]

So bedeutend wurde die Hilfe, die deutsches Kapital der
Sache des Nordens leistete, daß die Kommissare des Südens
in Europa sich entschlossen, in Deutschland dagegen zu agi-
tieren. Am 20. März 1863 berichtete Oberst Mann, einer der
südlichen Agenten, an den Staatssekretär des Südens, daß
er bald nach Frankfurt gehen würde, um gegen die amerikanische Propaganda da zu arbeiten. Er glaubte, daß eine
Reaktion gegen den Norden in Deutschland einsetzen würde.[241]
Diese fand aber nicht statt, und obgleich der Markt durch
die Niederlagen und Verzögerungen der Uniontruppen beeinflußt wurde, war die Tendenz der amerikanischen Obligationen stets aufwärts. Gegen das Ende des Krieges standen
die amerikanischen Staatspapiere sogar höher im Kurse in
Berlin und Frankfurt als in New York.[242] Zwar wurde alles
seitens der amerikanischen Regierung getan, um den Absatz

---

[240] Lebenserinnerungen von Rudolph v. Delbrück, II, 188f.
[241] Messages and Papers of the Confederacy, Bd. II, S. 680.
[242] Diplomatic Correspondence, 1865, Part. 3, S. 58—59.

der Obligationen zu begünstigen. Der amerikanische Gesandte
veranlaßte die Veröffentlichung einer ausführlichen Darstellung
der amerikanischen Finanzen, von Dr. Wilhelm Elder gegeben.
Auch wurde ein Brief des amerikanischen Staatsschatzmeisters
in den Berliner Zeitungen veröffentlicht, um die Furcht vor
Verfälschungen der Staatspapiere zu beseitigen. Wie hoch
amerikanische Obligationen angesehen wurden, zeigt Karl
Schurz' Erzählung eines Besuches in der Frankfurter Börse
nach dem Ende des Krieges.[243]

Das Vertrauen der deutschen Handelswelt auf Amerika
während des vierjährigen Bürgerkrieges war nicht vergebens.
Durch frühzeitige Ankäufe von amerikanischen Papieren
wurden Millionen verdient. Viele amerikanische Aktien, die
zu dieser Zeit gekauft wurden, werden noch in Deutschland
gehalten. Amerika ist sich auch der deutschen finanziellen
Unterstützung während des Krieges völlig bewußt gewesen.
Im Jahre 1865 machte Dr. Philipp Schaff, ein deutsch-ameri-
kanischer Geistlicher, eine Reise durch das Vaterland. Er
hielt Vorträge in Berlin, Bonn, Elberfeld, Neuwied, Marburg,
Heidelberg und Stuttgart und drückte überall die Dankbarkeit
Amerikas für die deutsche Unterstützung aus.[244]

---

[243] Schurz, Lebenserinnerungen, Bd. II, S. 503.
[244] Schaff, Der Bürgerkrieg, S. 16.

Literatur.

I. Dokumente.

Berichte des Ministerresidenten Dr. Schleiden de 1861—1864. Berichte der hanseatischen Gesandtschaft de 1864—1865. Staatsarchiv Bremen.

Messages and Papers of the Confederacy Volume II. Diplomatic Correspondence.

Papers relating to foreign affairs accompanying the annual message of the President. Diplomatic Correspondence 1861—1865. Washington.

Staatsarchiv, Das. Sammlung der offiziellen Aktenstücke zur Geschichte der Gegenwart. 1861—1865.

II. Publizistische Quellen.

Abeken, H., Amerikanische Negersklaverei und Emanzipation. Berlin 1817.

Annecke, Fr., Der zweite Freiheitskampf der Vereinigten Staaten von Nordamerika. Frankfurt 1861.

Augsburger Allgemeine Zeitung. 1860—1865.

Benjamin, J. J., Reise in den östlichen Staaten der Union. Hannover 1862.

Bismarck, Briefe, 1836—1873. Leipzig 1898.

— Gedanken und Erinnerungen.

Chronik der Gegenwart. 1864.

Deutsche Jahrbücher. 1861—1865.

Eltze, A., Briefwechsel von John Lothrop Motley. 2 Bände.

Estbán, B., Kriegsbilder aus Amerika. 2 Teile. Leipzig 1864.

Fay, Th., Die Sklavenmacht zur Erklärung der nordamerikanischen Rebellion. 1860—1865. Berlin 1865.

Gittermann, Revolution oder Abolution. 1860.

Gloß, A., Das Leben in den Vereinigten Staaten zur Beschreibung von Amerikas Gegenwart und Zukunft. 2 Bände. Leipzig 1864.

Grenzboten. 1861—1865.

Griesinger, Freiheit und Sklaverei unter dem Sternenbanner. Stuttgart.

Hofkalender. 1861—1865.

Hudson, E., Der zweite Unabhängigkeitskrieg in Amerika. Berlin 1861. Vermehrt durch eine Abhandlung über die Sklavenfrage. 1862.

Jacobi, C., Die gezogenen Geschütze der Amerikaner bei der Belagerung von Charleston von 1863—1865 in ihrer Verwendung, Wirkung und Haltbarkeit. Berlin 1866.

Kapp, Fr., Die Sklavenfrage in den Vereinigten Staaten.
— Geschichte der Sklaverei in den Vereinigten Staaten. Hamburg 1862.
Kriegsoperationen in Amerika. Leipzig 1863.
Lochnis, H., Die Vereinigten Staaten von Amerika. Bonn 1863.
Marquardsen, Der Trent-Fall. Erlangen 1863.
Preußische Jahrbücher. 1861—1865.
v. Reichenbach, B., Graf, Die Krisis in Nordamerika. Berlin 1863.
Roerdansz, Die Wirkung schwerer Geschütze gegen Panzer. Berlin 1865.
Sander, C., Der amerikanische Bürgerkrieg von seinem Beginne bis zum
    Schlusse des Jahres 1862. Frankfurt 1863.
—· Geschichte des vierjährigen Bürgerkrieges in den Vereinigten Staaten
    von Amerika. Frankfurt 1865.
— Artilleristische Aphorismen aus dem amerikanischen Kriege.
Schaff, P.. Der Bürgerkrieg und das christliche Leben in Nordamerika.
    Berlin 1866.
Scheibert, J., Sieben Monate in den Rebellenstaaten während des nord-
    amerikanischen Krieges, 1863. Stettin 1868.
Spence, J., Die amerikanische Union. Barmen 1863.
Stiger, J., Hurrah für die Union!
— Ist die Auswanderung nach den Vereinigten Staaten unter den jetzigen
    Verhältnissen anzuraten?
— Nieder mit der Sklaverei.
— Die Nord- und Südländer der Vereinigten Staaten. Zürich 1864.
— Die Rechtfertigung der Nordstaaten. Zürich 1863.
Struve, G., Diesseits und Jenseits des Ozeans. 1863—1864.
Williams, J., Die Rechtfertigung der Südstaaten. Berlin 1863.
Zerfall der Vereinigten Staaten von Nordamerika. Münster 1864.

III. Darstellungen.

v. Bippen, Geschichte der Stadt Bremen. Band III.
Blankenburg, H., Die inneren Kämpfe der nordamerikanischen Union bis
    zur Präsidentenwahl von 1868. Leipzig 1868.
v. Borcke, Heros, Zwei Jahre im Sattel und am Feinde. Erinnerungen
    aus dem Unabhängigkeitskriege der Konföderierten. Aus dem Eng-
    lischen übersetzt von Kaehler. 2 Bände. Berlin 1877. Zweite, mit
    einem Nachtrag „Zwanzig Jahre später" vermehrte, Auflage. Ber-
    lin 1886.
Busch, M. Tagebuchblätter. 1., 2. und 3. Band.
— Prince Bismarck as a Friend of America and as a Statesman: North
    American Review, July—August 1880.
Cambridge Modern History. Vol. VII.
Darmstaedter, P., Geschichte der Vereinigten Staaten von Amerika. Leip-
    zig 1909.
Deiler, F. H., European Immigration into the United States. From 1820—1900.
    Chicago 1907.

v. Freytag-Loringhoven, Freiherr, Studien über Kriegsführung.

v. Halle, Ernst, Baumwollproduktion und Pflanzungswirtschaft in den nord-amerikanischen Südstaaten. Leipzig 1906.

Hansen, J., A travers la diplomatie.

— Les coulisses de la diplomatie.

Heusinger, O., Amerikanische Kriegsbilder. Leipzig 1869.

Hilgard-Villard, H., Lebenserinnerungen. Berlin 1906.

Hopp, E., Bundesstreit und Bundeskrieg in Nordamerika. Berlin 1886.

Kaufmann, Wm., Die Deutschen im Bürgerkriege. 1908.

v. Meerheimb, F., Der Feldzug Shermans in Georgia. Berlin 1869.

Neumann, K., Geschichte der Vereinigten Staaten von Amerika. 3 Bände. Leipzig 1863.

Political History of England. Volume XII.

Poschinger, Bismarck und die Diplomaten.

v. Salm-Salm, Fürstin, Zehn Jahre aus meinem Leben. 3 Bände. Stuttgart 1875.

Schurz, Karl, Lebenserinnerungen.

Von Achten der Letzte. Wiesbaden 1871.

White, A., Aus meinem Diplomatenleben. Leipzig 1906.

Whitman, S., Fürst von Bismarck.

C. F. Wintersche Buchdruckerei.

Zeitfracht Medien GmbH
Ferdinand-Jühlke-Straße 7
99095 Erfurt, Deutschland
produktsicherheit@kolibri360.de